ANNUAIRE

DE LA

PHOTOGRAPHIE

RÉSUMÉ

DES PROCÉDÉS LES MEILLEURS

POUR

LA PLAQUE MÉTALLIQUE, — LE PAPIER SEC ET HUMIDE, —
LA GLACE ALBUMINÉE OU COLLODIONNÉE, —
LA GRAVURE HÉLIOGRAPHIQUE, — LA LITHOPHOTOGRAPHIE, —
LE CLICHÉ TYPOGRAPHIQUE, — LE STÉRÉOSCOPE, —
L'AMPLIATION DES IMAGES

AVEC

L'indication des instruments nouveaux et la nomenclature des traités
spéciaux sur chacune de ces différentes matières.

PAR J.-B. DELESTRE.

PRIX : 4 FR.

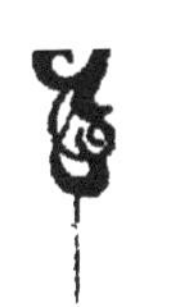

PARIS.

DESLOGES, LIBRAIRE, 4, RUE CROIX-DES-PETITS-CHAMPS.

—

1858

ANNUAIRE

DE LA

PHOTOGRAPHIE

RÉSUMÉ

DES PROCÉDÉS LES MEILLEURS

POUR

LA PLAQUE MÉTALLIQUE, — LE PAPIER SEC ET HUMIDE, —
LA GLACE ALBUMINÉE OU COLLODIONNÉE, —
LA GRAVURE HÉLIOGRAPHIQUE, — LA LITHOPHOTOGRAPHIE, —
LE CLICHÉ TYPOGRAPHIQUE, — LE STÉRÉOSCOPE, —
L'AMPLIATION DES IMAGES

AVEC

L'indication des instruments nouveaux et la nomenclature des traités
spéciaux sur chacune de ces différentes matières.

PAR J.-B. DELESTRE.

DEUXIÈME ÉDITION.

PARIS

DESLOGES, LIBRAIRE-ÉDITEUR,
RUE CROIX-DES-PETITS-CHAMPS, 4.

1858.

OUVRAGES DU MÊME AUTEUR.

Etudes des Passions appliquées aux beaux-arts. Troisième édition. Un volume in-8º.

Gros et ses ouvrages. Mémoires historiques sur la vie et les travaux de ce célèbre artiste. Un volume in-8º.

Paris. — Imp. de Pommeret et Moreau, 42, rue Vavin.

DE LA PHOTOGRAPHIE.

Les résultats obtenus déjà par la photographie ne laissent aucun doute sur l'avenir réservé à cette admirable application de la lumière à la reproduction de l'image de tous les objets pris indistinctement dans la nature : il suffit dès à présent qu'ils soient placés dans des conditions favorables ; la science aura, tôt ou tard, raison de certains cas exceptionnels.

Jamais plus puissant auxiliaire n'a été mis à la disposition du savant et de l'artiste, comme moyen rapide et précis de recueillir et de publier des faits avec l'importante autorité d'un témoignage irrécusable et dans une langue universelle.

Il y a peu de travaux scientifiques où la question iconographique ne joue un grand rôle, et dont la solution ne soit d'une nécessité absolue pour la clarté de la démonstration.

Que de projets sont restés à l'état de germe faute de temps et d'argent pour satisfaire aux exigences morales et matérielles de l'exécution!

Dessinateur véridique, graveur habile, dépense considérable occasionnée par la mise en œuvre, un instrument bien dirigé supplée à tout, en moins de secondes qu'il n'en fallait naguère à l'artiste pour tailler son crayon ou repasser un burin.

Sans être injuste envers ces grands architectes de la science qui lui ont élevé, à grands frais, d'impérissables monuments, on est en droit de contester souvent plusieurs détails des planches à l'appui de l'opinion développée dans le texte. Les produits photographiques ne peuvent être accusés de partialité en faveur du système personnel de l'auteur, plus ou moins disposé, selon la force de ses convictions, à voir, à travers une idée préconçue, les particularités d'un fait discutable.

Que de bons livres sont déparés par d'indignes gravures, plus propres à faire douter du mérite de l'observation écrite qu'à la corroborer!

Il y a plus, c'est par la comparaison consciencieuse des documents entre eux que l'on arrive à constituer des bases solides; il est impossible d'établir des rapprochements ou de constater des nuances caractéristiques, en opposant les uns aux autres des éléments faussés par le dessin ou la gravure, et quelquefois par les deux procédés. Point de sécurité pour l'étude quand on ne trouve pas ce cachet de vérité dont on a besoin pour ne pas agir en aveugle. Doit-on s'aventurer au milieu de matériaux sans garantie et sans origine commune authentique?

La photographie lève ces obstacles. Elle ouvre à la science un horizon sans bornes. Juge, partie et témoin incorruptible, la photographie offre l'instantanéité de l'effet et de la reproduction, économie prodigieuse de temps et de frais, probité du rendu, et dans le cas où l'épreuve n'est pas complète, assurance positive, sinon de recueillir tout, au moins de n'avoir rien que de vrai dans les lambeaux ramassés par l'inexpérience.

Tels sont les avantages incalculables de la photographie. Nous allons d'abord suivre ses progrès dans la marche ascendante de l'esprit humain. Pour rendre la pratique plus facile, il faut mettre l'opérateur dans la voie, déjà parcourue avec succès.

La photographie, ainsi que toute science, a eu ses prodromes. On peut les faire remonter jusqu'à l'époque où Jean-Baptiste Porta construisit sa chambre noire. Canaletto s'en servit pour la reproduction des vues de Venise dans de magnifiques tableaux, où la dégradation aérienne vient si bien seconder l'illusion produite par la perspective linéaire, rigoureusement déterminée par l'instrument du physicien napolitain.

Vers 1665, on constata l'action de la lumière sur une substance à laquelle on donna le nom d'*argent corné*. Cette substance noircissait sous l'influence des rayons lumineux. L'intensité de sa coloration était en raison directe de la vivacité des rayons solaires; l'argent corné des alchimistes est notre chlorure d'argent.

Au commencement de ce siècle, le professeur Charles projetait des silhouettes sur un papier revêtu d'un enduit de sa composition et avec le concours de la lumière.

Le journal *of the Royal institution of Great-Britain* contient, dans son numéro de juin 1802, un travail intéressant de Wedgwood sur un procédé pour copier des peintures sur verre, et par l'action de la lumière, sur du papier recouvert de nitrate d'argent. Humphrey Davy fit connaître, à cette occasion, les résultats obtenus par lui, en reproduisant l'image de certains objets d'une petite dimension, à l'aide du microscope solaire, à une courte distance de la lentille.

Enfin, vers 1814, Joseph Nicéphore Niepce chercha les moyens de fixer les vues prises dans la nature et retracées dans la chambre noire. Jusque-là, rien des précédentes tentatives n'avait pu être conservé. La lumière, ainsi que Saturne, avait dévoré ses propres enfants. Ce n'était qu'à la faible lueur d'une lampe qu'il avait été possible d'entrevoir les dessins sur nitrate d'argent des deux savants anglais. La nuit s'était faite sur leurs copies en les exposant au jour : elles avaient disparu sous la teinte uniforme d'un noir compacte

Niepce rendit fixe l'image fugitive. Sa palette se composait alors de bitume de Judée pour les blancs ; les noirs provenaient de l'iodure d'argent, sur lequel avait agi la lumière.

DAGUERRÉOTYPIE ou PHOTOGRAPHIE SUR PLAQUES MÉTALLIQUES.

En ce temps-là, un artiste au pinceau magique avait souvent rivalisé avec la nature, et, devant les grands effets du Diorama, il avait laissé les spectateurs éblouis douter de la réalité et confondre avec elle une illusion prodigieuse. Daguerre aussi suivait la route de Niepce. Ils devaient se rencontrer sur la même voie pour se compléter et arriver ensemble au but commun, en se tenant par la main.

Le 14 décembre 1829, un acte authentique associait leurs travaux et leur gloire.

Il appartenait à notre Arago d'appeler la consécration d'un baptême national sur cette belle conquête ajoutée au domaine de la science. L'homme peut maintenant imposer une fonction à la lumière, comme il sait asservir la vapeur et l'électricité, pour en approprier les éléments à ses besoins.

Le rapport du secrétaire perpétuel de l'Académie eut un plein succès à la Chambre des Députés, qui s'empressa d'en adopter les conclusions, en votant une pension viagère de 6,000 fr. à Daguerre. Niepce était mort le 5 juillet 1833; son fils reçut le brevet d'une pension de 4,000 fr. Daguerre n'a pas joui longtemps de cette récompense nationale. Il a emporté trop tôt dans la tombe la reconnaissance de ses concitoyens.

La photographie était constituée à l'état de science; elle avait son diplôme signé du maître et inscrit sur le grand livre de la dette publique.

L'essor de la photographie fut instantané. De tous côtés on se mit à l'œuvre. Une industrie nouvelle fut créée pour répondre à l'entraînement général. Le principe était acquis, il fallait en déduire les conséquences.

En expérimentant les procédés rendus publics avec des forces nouvelles, on devait s'attendre nécessairement à découvrir de nouveaux aperçus et des améliorations progressives.

Voici d'abord où en était la question quand la photographie apparut au monde. Nous empruntons au rapport d'Arago le résumé suivant du procédé de Niepce et des perfectionnements apportés par Daguerre au moment de leur publicité officielle.

« M. Niepce faisait dissoudre du bitume sec de Judée dans de l'huile de lavande. Le résultat de cette évaporation était un vernis épais que le physicien de Châlons appliquait *par tamponnement* sur une lame métallique polie, par exemple, sur du cuivre plaqué ou recouvert d'une lame d'argent.

« La plaque, après avoir été soumise à une douce chaleur, restait couverte d'une couche adhérente et blanchâtre ; c'était le bitume en poudre, et la planche ainsi recouverte était placée au foyer de la chambre noire. Au bout d'un certain temps, on apercevait sur la poudre de faibles linéaments de l'image. M. Niepce eut la pensée ingénieuse que ces traits, peu perceptibles, pourraient être renforcés.

« En effet, en plongeant sa plaque dans un mélange d'huile de lavande et de pétrole, il reconnut que les régions de l'enduit *qui avaient été exposées à la lumière* restaient presque intactes, tandis que les autres se dissolvaient rapidement et laissaient ensuite le métal à nu. Après avoir lavé la plaque avec de l'eau, on avait donc l'image formée dans la chambre noire ; les clairs correspondaient aux clairs et les ombres aux ombres. Les clairs étaient formés par la lumière diffuse, provenant de la matière blanchâtre et non polie du bitume ; les ombres, par les parties polies et dénudées du miroir, à la condition, bien entendu, que ces parties se miraient dans des objets sombres ; à la condition qu'on les plaçait dans une telle position qu'elles ne pussent pas envoyer *spéculairement* vers l'œil quelque lumière un peu vive. Les demi-teintes, quand elles existaient, pouvaient résulter de la partie du vernis qu'une pénétration partielle du dissolvant avait rendue moins mate que les régions restées intactes.

« Le bitume de Judée, réduit en poudre impalpable, n'a pas une teinte blanche bien prononcée. On serait plus près de la vérité en disant qu'il est gris ; le contraste entre les clairs et l'ombre, dans les dessins de M. Niepce, était donc très-peu marqué. Pour ajouter à l'effet, l'auteur avait songé à noircir, *après coup*, les parties nues du métal, à les faire attaquer soit par le sulfure de potasse, soit par l'iode ; mais il paraît n'avoir pas songé que cette dernière substance, exposée à la lumière du jour, aurait éprouvé des changements continuels.

« En tout cas, on voit que M. Niepce n e prétendait pas se servir d'iode comme substance *sensitive* ; qu'il ne voulait l'appliquer qu'à titre de substance noircissante, et seulement après la *la formation de l'image dans la chambre noire*, après le renforcement, ou si on l'aime mieux, après le dégagement de cette image par l'action du dissolvant. Dans une pareille opération, que seraient devenues les demi-teintes ?

« Au nombre des principaux inconvénients de la méthode de M. Niepce, il faut ranger cette circonstance qu'un dissolvant trop fort enlevait quelquefois le vernis par places, à peu près en totalité, et qu'un dissolvant trop faible ne dégageait pas suffisamment l'image. La réussite n'était jamais assurée.

« M. Daguerre imagina une méthode qu'on appela *la méthode Niepce perfectionnée* ; il substitua d'abord le résidu de la distillation de l'huile de lavande au bitume, à cause de sa plus grande blancheur et de sa plus grande sensibilité. Ce résidu était dissous dans l'alcool et dans l'éther. Le liquide, déposé ensuite en une couche très-mince et horizontale sur le métal, y laissait en s'évaporant un enduit pulvérulent uniforme, résultat qu'on n'obtenait pas par tamponnement.

« Après l'exposition de la plaque ainsi préparée au foyer de la chambre noire, M. Daguerre la plaçait horizontalement et à distance au-dessus d'un vase contenant une huile essentielle légèrement chauffée. Dans cette opération, renfermée entre des limites convenables et qu'un simple coup d'œil, au reste, permettait d'apprécier, la vapeur provenant de l'huile laissait intactes les particules de l'enduit pulvérulent qui avaient reçu l'action d'une vive lumière.

« Elle pénétrait partiellement, et plus ou moins, les régions du même enduit, qui, dans la chambre noire, correspondaient aux demi-teintes.

« Les parties restées dans l'ombre étaient pénétrées entièrement.

« Ici le métal ne se montrait à nu dans au-

cune des parties du dessin ; ici les clairs étaient
formés par une agglomération d'une multitude
de particules blanches et très-mates ; les demi-
teintes par des particules également condensées,
mais dont la vapeur avait plus ou moins affaibli
la blancheur et le mat ; les ombres par des particules toujours en même nombre, et devenues
entièrement diaphanes.

« Plus d'éclat, une plus grande variété de
tons, plus de régularité, la certitude de réussir
dans la manipulation, de ne jamais emporter
aucune portion de l'image, tels étaient les avantages de la méthode modifiée de M. Daguerre sur
celle de M. Niepce ; malheureusement le résidu
de l'huile de lavande, quoique plus sensible à
l'action de la lumière que le bitume de Judée, est
encore assez paresseux pour que les dessins ne
commencent à y poindre qu'après un temps fort
long.

« Le genre de modification que le résidu de
l'huile de lavande reçoit par l'action de la lumière, et à la suite duquel les vapeurs des huiles
essentielles pénètrent cette matière plus ou
moins difficilement, nous est encore inconnu.
Peut-être doit-on le regarder comme un simple

desséchement de particules; peut-être ne faut-il y voir qu'un nouvel arrangement moléculaire. Cette double hypothèse expliquerait comment la modification s'affaiblit graduellement et disparaît à la longue, même dans la plus profonde obscurité. »

Cet extrait du rapport d'Arago établit nettement le contingent de Nicéphore Niepce en tenant compte des modifications apportées par Daguerre à ce premier travail. Nous allons maintenant exposer ce qui appartient plus spécialement à l'auteur du Diorama.

Les épreuves sur lesquelles la commission de l'Académie avait basé son appréciation atteignaient déjà un degré de perfection tel, que l'on ne croyait pas alors à la possibilité d'en obtenir de plus belles.

Daguerre avait habilement groupé différents objets dans des compositions séduisantes, par un effet admirablement bien entendu.

La dégradation des teintes, l'opposition des lumières et des ombres, le contraste des étoffes, produisaient un ensemble harmonique.

Les détails compris dans de grandes masses, sans nuire au modelé général, offraient la solution d'un problème longtemps cherché, mais bien rarement résolu, l'accord intime de la partie avec le tout, dans l'économie d'une œuvre d'art. C'était la nature prise sur le fait, et laissant deviner son secret sous ces nuances délicates, se faisant valoir avec un charme indéfinissable. L'esprit s'abimait devant ces images si vraies, où chaque substance unicolore se manifestait par l'imitation rigoureuse de sa contexture particulière.

Dans ces conditions, peu de chose avait pu suffire à l'artiste pour intéresser le spectateur. Ainsi, un plâtre antique, placé sur un tapis de la Renaissance, se détachait sur une draperie soyeuse, où la lumière se jouait capricieusement sans cesser de faire surgir la figure dominante. Les accessoires s'éteignaient successivement dans une demi-teinte de plus en plus obscure, en raison de leur éloignement du point sur lequel l'attention devait converger en premier lieu.

Quelle leçon !

La grande difficulté dans l'étude des arts et des sciences est de savoir voir. L'instrument de Daguerre apprenait à lire dans ce livre sublime de la nature, où tout est en harmonie, parce que tout s'y trouve à sa place. Si nos yeux ne distinguent pas d'abord le détail, il n'en existe pas moins sous le voile plus ou moins transparent de l'ombre qui l'atténue.

L'enseignement était concluant au point de vue du dessin et de l'effet.

En présence de ces traductions du naturel, on comprenait mieux les maîtres anciens. La pureté et la noblesse des contours rappelaient le crayon de Raphaël et de son école savante. La suavité des demi-teintes d'un visage de femme faisait rêver au temps ou Léonard de Vinci fixait, sur une page immortelle, les traits ravissants de la Joconde. On retrouvait le caractère énergique du modelé de Rembrandt dans les tons vigoureux d'un dessin où le jour, frappant à plomb l'objet principal, s'évanouissait bientôt pour laisser l'ombre concourir à la puissance du relief et le rendre plus saillant encore.

Terburg semblait revivre dans ces soieries étalant leurs chatoyants reflets.

Rubens entendait ainsi le clair-obscur.

Les secrets de la haute peinture se dévoilaient aussi devant cette révélation inattendue. On possédait une unité de comparaison pour former ou redresser son jugement et mieux apprécier les qualités des diverses productions artistiques. Si la photographie condamnait plus d'un auteur à réputation usurpée, elle glorifiait le peintre respectueux devant la nature.

La photographie montrait le parti que l'on pouvait tirer de certaines dispositions, dont l'arrangement fortuit n'éveillait pas l'attention, et qui, rendues par l'épreuve, offraient un aspect singulièrement pittoresque. Tel coin de terrain, négligé par le paysagiste, apparaissait dans sa naïveté d'exécution comme un tableau de Ruisdael. Telle tête, considérée comme insignifiante, prenait dans la chambre noire un caractère nouveau, dont la peinture pouvait utiliser l'expression et la forme.

De quels moyens Daguerre s'était-il servi pour arriver à ce résultat? La suite du rapport d'Arago va les énoncer avec la clarté que cet illustre écrivain savait jeter sur les questions les plus ardues. Il s'exprimait ainsi :

LE DAGUERRÉOTYPE.

« Dans le procédé auquel le public reconnaissant a donné le nom de *daguerréotype*, l'enduit de la lame de plaqué, la *toile* du *tableau* qui reçoit les images est une couche *jaune d'or* dont la lame se recouvre quand on la place horizontalement pendant un certain temps et l'argent en dessous, dans une boîte au fond de laquelle il y a quelques parcelles d'iode abandonnées à l'*évaporation spontanée.*

« Quand cette plaque sort de la chambre obscure, on *n'y voit absolument aucun trait.* La couche jaunâtre d'*iodure d'argent* qui a reçu l'image paraît encore d'une nuance parfaitement uniforme dans toute son étendue.

« Toutefois si la plaque est exposée dans une seconde boîte au courant ascendant de *vapeur mercurielle* qui s'élève d'une capsule où le liquide est monté, par l'action d'une lampe à esprit de vin, à 75 degrés centigrades, cette vapeur produit aussitôt le plus curieux effet. Elle s'attache en abondance aux parties de la surface de la plaque qu'une vive *lumière* a *frappées*; elle laisse intactes les régions restées dans l'ombre ; enfin, elle se précipite sur les espaces qu'occupaient les demi-teintes, en plus ou moins grandes quantités, suivant que, par leur intensité, ces demi-teintes se rapprochaient plus ou moins des parties claires ou des parties noires. En s'aidant de la faible lumière d'une chandelle, l'opérateur peut suivre pas à pas la formation graduelle de l'image ; il peut voir la vapeur mercurielle, comme un pinceau de la plus extrême délicatesse, aller marquer du ton convenable chaque partie de la plaque.

« L'image de la chambre noire ainsi reproduite, on doit empêcher que la lumière du jour ne l'altère. M. Daguerre arrive à ce résultat en agitant la plaque dans l'*hyposulfite de soude* et en la lavant ensuite dans de l'*eau distillée chaude.*

« D'après M. Daguerre, l'image se forme mieux sur une lame de plaqué (sur une lame d'argent superposée à une lame de cuivre) que sur une lame d'argent isolée. Ce fait, en le supposant bien établi, semblerait prouver que l'électricité joue un rôle dans ces curieux phénomènes.

La lame de plaqué doit être d'abord poncée

et décapée ensuite avec l'acide nitrique étendu d'eau. L'influence si utile que joue ici l'acide pourrait bien tenir, comme le pense M. *Pelouze*, à ce que l'acide enlève à la surface de l'argent les dernières molécules de cuivre.

« Quoique l'épaisseur de la couche jaune d'iode, d'après diverses pesées de M. *Dumas*, ne semble pas devoir s'élever à un *millionième* de *millimètre,* il importe, pour la parfaite dégradation des ombres et des lumières, que cette épaisseur soit exactement la même partout. M. Daguerre empêche qu'il se dépose plus d'iode aux bords qu'au centre, en mettant autour de sa plaque une languette du même métal, large d'un doigt, et qu'on fixe avec des clous sur la tablette en bois qui porte le tout. On ne sait pas encore expliquer d'une manière satisfaisante le mode physique d'action de cette languette.

« Voici une circonstance non moins mystérieuse : Si l'on veut que l'image produise le maximum d'effet dans la position ordinaire des tableaux (dans la position verticale), il sera nécessaire que la plaque se présente sous l'inclinaison de 45 degrés au courant ascendant vertical de la vapeur mercurielle. Si la plaque était horizontale au moment de la précipitation du mercure, au moment de la naissance de l'image, ce serait sous l'angle de 45 degrés qu'il faudrait la regarder pour trouver le maximum d'effet.

« Quand on cherche à expliquer le singulier procédé de M. Daguerre, il se présente immédiatement à l'esprit l'idée que la lumière dans la chambre obscure détermine la vaporisation de l'iode partout où elle frappe la couche dorée ; que là le métal est mis à nu ; que la vapeur mercurielle agit librement sur ces parties dénudées pendant la seconde opération, et y produit un amalgame blanc et mat ; que le lavage avec l'hyposulfite a pour but, chimiquement, l'enlèvement des parties d'iode dont la lumière n'a pas produit le dégagement ; artistiquement, la mise à nu des parties miroitantes qui doivent faire les noirs.

« Mais dans cette théorie que seraient ces demi-teintes sans nombre et si merveilleusement dégradées qu'offrent les dessins de M. Daguerre? Un seul fait prouvera d'ailleurs que les choses ne sont pas aussi simples :

« La lame de plaqué n'augmente pas de poids d'une manière appréciable en se couvrant de la couche d'iode jaune d'or. L'augmentation au contraire, est très-sensible sous l'action de la vapeur mercurielle ; eh ! bien, M. *Pelouze* s'est assuré qu'après le lavage dans l'hyposulfite, la plaque, malgré la présence d'un peu d'amalgame à la surface, *pèse moins qu'avant* de commencer l'*opération*. L'hyposulfite enlève donc de l'argent ; l'examen chimique du liquide montre qu'il en est réellement ainsi.

« Pour rendre compte des effets de lumière que les dessins de M. Daguerre présentent, il semblait suffisant d'admettre que la lame d'argent se couvrait, pendant l'action de la vapeur mercurielle, de sphérules d'amalgame ; que ces sphérules, très-rapprochées dans les clairs, diminuaient graduellement en nombre dans les demi-teintes, jusqu'aux noirs, où il ne devait y en avoir aucune.

« La conjecture du physicien a été vérifiée. M. Dumas a reconnu au microscope que les clairs et les demi-teintes sont réellement formés par des sphérules dont le diamètre lui a paru, ainsi qu'à M. Adolphe Brongniart, être très-régulièrement d'un *huit centième de millimètre*. Mais alors pourquoi la nécessité d'une inclinaison de la plaque de

45 degrés au moment de la précipitation de la vapeur mercurielle? Cette inclinaison, en la supposant indispensable avec M. Daguerre, ne semblait-elle pas indiquer l'intervention d'aiguilles ou de filets cristallins qui se prenaient, qui se solidifiaient, qui se groupaient toujours verticalement dans un liquide parfait, ou dans un demi-liquide, et avaient ainsi, relativement à la plaque, une position dépendante de l'inclinaison qu'on avait donnée à celle-ci?

« On fera peut-être des milliers de beaux dessins avec le daguerréotype avant que son mode d'action ait été bien complétement analysé. »

Un pas immense était fait, mais le battement de l'aile du plus petit insecte eût suffi pour détacher quelques atômes de cette poussière, aussi peu consistante que le pollen des fleurs, et dont l'ensemble composait le tissu du tableau. L'image était fixée, il fallait en consolider l'empreinte. La lice était ouverte. De nouveaux émules allaient se mettre au point d'arrivée des inventeurs et continuer la route avec l'avantage d'un esprit plein d'enthousiasme et non fatigué.

Le plus heureux des explorateurs fut M. Fizeau. Il proposa l'emploi d'un sel d'or obtenu par la réaction du chlorure d'or sur l'hyposulfite de soude. Par ce procédé si simple, non seulement l'image acquiert plus de solidité, mais encore elle devient plus visible et prend plus de valeur et de beauté sous le glacis doré qui s'étend sur elle.

Le tome XI des comptes-rendus de l'Académie des sciences contient la note explicative de M. Fizeau.

On peut donner une idée du degré de solidification de l'image daguerrienne, ainsi traitée, en rappelant que M. Fizeau a pu faire, en employant la galvano-plastie, une contre-épreuve en cuivre d'un dessin photographié, avec assez de succès pour tirer une épreuve métallique de ce moule.

Il restait une amélioration importante à introduire dans la photographie : la longueur du temps nécessaire à la formation de l'image était un obstacle à la réussite des portraits d'après la nature vivante. M. Claudet cherchait une substance accélératrice ; il s'assura que l'application successive de l'iode et du chlorure d'iode abrégeait singulièrement le travail de la lumière. Depuis l'on a fait usage d'autres substances accélératrices. Le brome en vapeur, la chaux bromée, le bromure d'iode, l'acide chloreux, etc., activent considérablement l'impression lumineuse ; en quelques secondes, on obtient de meilleurs résultats qu'auparavant en un quart d'heure.

Daguerre avait déjà modifié la chambre noire pour la reproduction des objets placés à une certaine distance, et dont l'immobilité permettait à la lumière d'accomplir son œuvre, sans égard à la durée du temps. Cependant la marche du soleil déplaçait les ombres, mais d'une manière peu sensible. En raccourcissant le foyer de la lentille, on peut condenser une lumière plus intense sur la plaque, et contribuer ainsi à l'accélération de l'impression photographique. Un objectif simple éclairait la chambre noire de Daguerre.

L'Allemagne savante se préoccupait du secours que l'optique devait prêter à la photographie. Les objectifs de Voigtander et Sohn sont connus pour leur perfection et la rapidité avec laquelle ils opèrent. En France M. Ch. Chevalier fit, de son côté, plusieurs essais ; il combina deux objectifs achromatiques pour remplacer la lentille unique de l'instrument modifié par Daguerre. Avec cet ingénieux système, il devint facile de

raccourcir les foyers pour augmenter la conden-
sation de la lumière sur la plaque sensibilisée.
Il présentait en outre ce double avantage ; d'une
part, il agrandissait le champ de la vue, et d'un
autre côté, il permettait de faire varier les dis-
tances focales, selon les exigences photographiques. L'intensité de la lumière rendit moins
longue encore la durée du temps de l'exposition
de la plaque dans la chambre noire. Cette opération devint plus rapide, par l'emploi simultané
des procédés de l'opticien français et des substances accélératrices proposées par MM. Claudet,
Fizeau, Bingham, de Valicourt, Gros, Thierry
de Lyon, Gaudin, etc.

Ces notions préliminaires nous permettent
d'aborder la question pratique. Pour résumer
ainsi l'état présent de la daguerréotypie, nous
allons initier le lecteur aux travaux de notre laboratoire et tirer en quelque sorte une épreuve
devant lui, après lui avoir fait examiner chaque
objet dont nous aurons à nous servir.

MANIPULATIONS.

Nous sommes dans un cabinet dont toutes les parois sont badigeonnées avec du noir de fumée peu collé, pour lui conserver une teinte mate. Aucune fissure ne laisse entrer le plus petit rayon de lumière blanche. Une seule ouverture donne passage à une faible lueur à travers un rideau jaune orangé et permet à peine de lire, quand l'œil s'est habitué à cet effet. La plus grande propreté règne dans cet intérieur ; l'arrangement toujours régulier des divers matériaux nécessaires à l'opérateur le met à même de poser immédiatement la main sur ce dont il a successivement besoin.

Voici ces instruments :

Le plus complexe est une CHAMBRE NOIRE ; elle se compose de deux compartiments rectangulaires glissant l'un dans l'autre comme les cylindres d'une lorgnette ; cette disposition permet d'agrandir plus ou moins l'espace entre l'objectif et le châssis sur le plan duquel la glace dépolie ou la plaque se pose, soit pour mettre un

point, soit pour faire une épreuve. Dans la
face antérieure de la partie tournée vers l'objet
à reproduire, est vissé l'objectif ; il peut être simple, pour le paysage, lorsqu'il n'y a pas de vent,
les monuments ou toute nature morte n'exigeant
pas une grande rapidité d'impression.

Pour les portraits, l'objectif achromatique est
indispensable. Celui de Lerebours nous sert en
ce moment. Une vis de rappel éloigne ou rapproche les verres de deux cylindres mobiles.

La chambre noire a pour accessoires trois
châssis de différentes dimensions, selon la grandeur des plaques métalliques qu'ils doivent recevoir. Elle est posée sur un support à trois pieds
et à crémaillère ; il est disposé de façon à favoriser des mouvements de bascule de haut en bas
et de droite à gauche ; avec la crémaillère on
élève et l'on abaisse l'instrument.

Trois boîtes à rainures contiennent des plaques
de cuivre recouvert d'une lame très-mince d'argent au titre de 30 ou 40 degrés au moins. Leur
surface argentée est sans stries, sans rayures
et parfaitement plane. Ces plaques ont reçu,
en raison de leur dimension conventionnelle,
les noms *d'entière*, de *demi*, de *tiers*, de *plaque*.

Il existe encore d'autres subdivisions en dessous de ces grandeurs ; elles sont moins en usage. Ces plaques sont dans un rapport parfait avec les châssis, dans lesquels elles sont introduites pour leur exposition dans la chambre noire, après leur sensibilisation. Elles doivent présenter un poli complet ; pour l'atteindre, on procède ainsi :

Le rideau jaune est ouvert, la lumière du jour éclaire le cabinet ; de petites planchettes, ayant aux quatre coins des agrafes à vis de pression et à demeure, retiennent la plaque métallique, dont la surface est de même grandeur. La planchette est immobilisée à l'aide d'un étau, assujetti par un écrou, sur une table fixe elle-même. On serre les agrafes pour maintenir la plaque, dont les angles se trouvent un peu recourbés par la pression. Ces agrafes sont en argent et se terminent en haut par une tête arrondie et légèrement convexe.

Le tout ainsi consolidé, on prend avec l'extrémité des doigts un petit tampon de coton, ne contenant rien qui puisse rayer la lame argentée, ou la moindre matière graisseuse. On imbibe ce coton d'une pâte très-liquide, faite avec du

tripoli impalpable de Venise délayé dans quelques gouttes d'alcool, et l'on commence par
frotter en tournoyant; puis on agit parallèlement
et successivement dans le sens de la longueur et
de la largeur, et enfin diagonalement dans l'une
et l'autre direction. Avant que l'alcool soit entièrement évaporé, on enlève la poussière presque
fraîche et restant encore, avec un tampon de
coton neuf. Quand il ne subsiste rien de la pâte
alcoolisée, on reprend un autre tampon et on le
change jusqu'à ce que, mis entre l'œil et la lumière, on y voie une poussière argentée.

Le travail du poli s'achève avec un polissoir
de peau de daim parfaitement dégraissée, ayant
au moins 60 centimètres de long sur 15 de large.
On l'enduit d'une légère couche de rouge d'Angleterre étalé avec un peu de papier de soie, on
le fait glisser en passant sur la surface qu'il doit
parcourir, dans toutes les directions transver-
sales et diagonales, en terminant dans le sens
horizontal que la lame métallique conserve dans
le châssis à l'exposition. On manœuvre alors le
second polissoir, sans poudre, pour faire disparaître les dernières parcelles et compléter le poli,
dont la teinte doit être d'un beau noir. Il faut

surtout éviter pour le coton, les polissoirs et la plaque, le contact des doigts, de la graisse et de la salive sur les parties utilisées.

Avant de porter la plaque, ainsi décapée et avivée, sur la boîte à sensibiliser, il est urgent de tenir la surface argentée en dessous et d'y passer un léger blaireau pour en chasser ce qui pourrait rester de poussière et amener sur l'épreuve des grains noirs nuisibles à la pureté de l'image.

La BOITE A IODE se compose de deux parties; elles contiennent chacune une cuvette ayant la plus grande dimension des plaques. Dans la première cuvette est l'iode; la seconde renferme le bromure de chaux. Le dessus de ces cuvettes ainsi garnies de substances est fermé rigoureusement par une plaque de terre de pipe non émaillée, et laissant transsuder par ses pores les vapeurs de l'iode ou du bromure de chaux étendus régulièrement sur le fond de leur intérieur. Cette plaque de biscuit est lutée par les bords aux parois verticales. Au-dessus des cuvettes est une glace épaisse contre laquelle des ressorts à boudins pressent la cuvette. Cette juxtaposition empêche une évaporation continue. Ces glaces sont à tiroir ; en les retirant en dehors, la vapeur arrive directement sur la plaque posée au-dessus, dans un châssis spécial, recouvert par le couvercle commun aux deux séparations de la boîte.

La plaque, mise ainsi en contact avec la vapeur de l'iode par le déplacement de la glace, prend ordinairement, après 60 secondes, une teinte d'un jaune doré, dont on reconnaît la valeur en y faisant refléter un papier blanc : alors on repousse la glace pour fermer la première cuvette ; on fait glisser, dans le coulisseau longeant les deux grands côtés de la boîte, la plaque qui n'a pas quitté son châssis et on l'arrête au-dessus de la seconde cuvette contenant le bromure de chaux ; on tire à soi la glace interposée entre la plaque et la vapeur, jusqu'au moment où la teinte de la plaque iodurée est passée du jaune d'or à une couleur violette ; on en constate également la nuance à l'aide d'un papier blanc qui la reflète. La durée de ce bromurage égale les deux tiers du temps consacré à l'iodurage précédent ; puis on fait revenir, pendant quelques secondes, la plaque bromurée au-dessus de l'iode, et de là, après deux secondes de repos, pour rendre l'amalgame plus intime, on la pose sur le châssis à enclaver dans le châssis spécial de la chambre noire, où la plaque subira l'impression lumineuse. Tout ce qui touche à la sensibilisation de la plaque s'est exécuté sans danger à une lumière très-affaiblie. La nuit va se faire maintenant dans le laboratoire.

La chambre noire a été portée en face du modèle. On a eu le soin de le poser de la manière la plus favorable pour le faire valoir et dans un milieu entouré de reflets. L'objectif de la chambre noire est au point. L'opérateur s'est assuré de l'effet et de la netteté de l'image, en examinant comment elle est reproduite sur la glace dépolie, occupant provisoirement la place de la plaque iodurée et bromurée. Aucune fissure ne laisse filtrer le plus petit rayon lumineux dans la chambre obscure : pour en rendre l'accès encore plus difficile, l'extérieur est revêtu d'une draperie noire, sous laquelle doit se tenir l'opérateur pour retirer la glace dépolie et y substituer le châssis encadrant la plaque préparée. Ce châssis est hermétiquement fermé, afin que, dans le transport, aucune action de la lumière ne puisse altérer la sensibilité de la plaque.

Quand ce châssis est bien ajusté dans les rainures, on découvre, en l'attirant à l'extérieur, la trappe masquant encore la plaque à l'intérieur. Enfin l'objectif est découvert, en ayant soin de ne pas imprimer à l'ensemble un ébranlement, qui produirait, sur l'épreuve, le même vague dans les contours que le mouvement du modèle y ferait naître s'il n'était pas complétement immobile.

Avec une température de 15 à 20 degrés et un bon instrument, la durée de l'exposition varie de 10 à 15 secondes ; un objectif allemand, à court foyer, en demanderait moins encore. Il faut, en outre, tenir compte de toutes les modifications que peuvent apporter même de légers changements dans l'état de la lumière, le degré de la température, l'heure de la journée, la saison, la manière dont l'objet est éclairé, soit dans l'intérieur d'un atelier, soit en plein air. Au temps voulu, l'on ferme l'objectif. On repousse la trappe du châssis avant de le retirer, de façon que la plaque, alors impressionnée, soit exposée aux vapeurs mercurielles, sans que le jour en ait altéré la finesse.

Nous rentrons dans le cabinet photographique

alors complétement obscur, et, à tâtons, nous plaçons la plaque sous un angle de 45 degrés, dans une BOITE A MERCURER montée sur quatre pieds entre lesquels se trouve la lampe à alcool allumée. Cette boîte s'ouvre par sa face supérieure; elle présente un faux châssis où vient s'encadrer celui de la plaque, dans le sens diagonal, de haut en bas et de devant en arrière; le bain de mercure, placé au-dessous est du poids de 500 grammes; il est élevé de 50 à 60 degrés, et jusqu'à 80, si l'on veut une épreuve plus blanche. Un thermomètre à mercure plonge dans le bain et marque, à l'extérieur, l'effet produit par la chaleur au-dedans.

A travers la glace formant la paroi antérieure de la boîte et dégagée de son rideau noir, on pourrait, à la lueur d'une petite bougie, suivre, à certains intervalles, l'arrivée de l'image par l'action de la vapeur mercurielle; mais il vaut mieux s'en abstenir, et s'en référer à la durée du temps convenable, c'est-à-dire 3 à 4 minutes pour la demi-plaque et 4 à 5 pour la plaque entière. A ce terme relatif, l'image est aussi complète que possible.

Lorsque le mercure n'a pas agi assez longtemps, les blancs ont une teinte bleuâtre. Dans le cas opposé, si l'on dépasse le temps normal, les parties blanches s'effacent et les ombres deviennent cendrées, elles se voilent. La plaque doit être retirée à l'instant où les blancs sont dégagés entièrement. L'épreuve est noire si la plaque n'est pas assez mercurée ; si elle l'est trop, elle est solarisée et blafarde.

L'image est sortie ; il faut la fixer. Sans perdre de temps, on glisse d'un coup la plaque dans une saturation d'hyposulfite de soude dans de l'eau filtrée avec soin ; cette dissolution est étendue dans une cuvette assez grande pour que la plaque puisse être retirée aisément du fond où elle se plonge, l'image en dessus ; le liquide doit toujours la couvrir.

Ce bain peut servir jusqu'à cinquante fois, si l'on a soin de le filtrer après chaque opération ; une teinte jaunâtre fait connaître qu'il a perdu son efficacité. L'on fait mouvoir la cuvette, de façon à faire passer et repasser plusieurs fois sur l'image, le flot produit par ce mouvement de bascule. On retire la plaque pour la nettoyer tout à fait dans un bain d'eau distillée et filtrée, en l'agitant comme dans l'opération précédente. Il

vaut encore mieux exposer la plaque sous le robi-
net d'une petite fontaine d'eau également distillée
et filtrée; il y a moins à craindre d'établir un
frottement nuisible de molécules solides sur l'i-
mage dont il faut absolument retirer l'hyposulfite. Après ce lavage, il ne doit y rester aucun
corps étranger.

La plaque étant encore humide se place sur
un cadre mis de niveau, au moyen de vis à caler,
dont est munie la base de la tige qui le supporte;
on verse sur l'image, et de manière à la couvrir
constamment et partout, un mélange dont la composition s'obtient en faisant dissoudre d'une part,
1 gramme de chlorure d'or dans 500 grammes
d'eau distillée, et, d'une autre part, 4 grammes
d'hyposulfite de soude dans 500 grammes d'eau
distillée; le tout est filtré dans un seul flacon.
Si l'on procédait immédiatement à la dissolution
de ces substances dans un même vase, il faudrait y mettre 1 litre d'eau distillée et faire dissoudre en premier l'hyposulfite de soude et le
chlorure d'or en second lieu.

Ensuite, on promène également sous toute
la surface cuivrée de la plaque la flamme
d'une lampe à alcool, de façon à produire

le plus tôt posssible des bulles à la surface liquide.

Bientôt le dessin prend plus de couleur et plus de caractère sous le bain de chlorure d'or. Ce bain doit toujours être assez fort pour qu'aucune partie de l'image ne puisse se trouver à sec, ce qui produirait une tache.

Le bain de chlorure d'or doit durer de 2 à 3 minutes ; par une trop longue prolongation, l'épreuve s'écaille. Sa coloration est plus sentie quand l'opération a été plus rapide. On lave encore la plaque après ce bain chloruré ; ensuite, avec une petite pince, on saisit la plaque par un des angles de la base de l'image, on la tient légèrement inclinée, de façon à favoriser l'écoulement progressif de l'eau, et l'on sèche en même temps la plaque, en promenant en dessous et par traînées descendantes, la flamme de la lampe à alcool, sans s'arrêter, car la dessication doit avoir lieu sans interruption. Sans cette précaution indispensable, il se produirait des lignes d'un effet d'autant plus désagréable que la plaque aurait été moins bien lavée.

L'œuvre du photographe est terminée et passe

aux mains de l'encadreur chargé de la préserver de toute atteinte. On trouve aisément des passe-partout de toutes les dimensions, correspondant à celles des plaques ; on met l'épreuve dans l'un d'eux. Ils sont établis de manière à ce que la glace reste constamment éloignée de l'image rendue insensible à la plus grande lumière. S'il arrivait plus tard que la plaque vînt à se tacher, on emploierait le procédé de M. Vaillat.. Ce procédé consiste à plonger dans l'eau ordinaire l'épreuve maculée. On la pose encore humide sur le pied à chlorurer, et l'on verse sur elle, autant qu'elle peut en contenir sans la laisser échapper, une dissolution de cyanure de potassium blanc dans l'eau distillée. Le rapport approximatif du cyanure et de l'eau est un morceau de cyanure de la grosseur d'une noisette dans un verre d'eau, le tout filtré. On chauffe légèrement, avec l'alcool, jusqu'à ce que ce liquide soit tiède. et l'on promène un petit tampon de coton non serré sur les parties oxydées ou tachées. On rejette ce liquide et on le remplace par une autre quantité de même nature, mais froide, que l'on agite horizontalement. On lave sous la petite fontaine et l'on sèche comme après le fixage au chlorure d'or. Trois minutes suffisent pour toute cette opération.

Pour bien arrêter l'esprit de notre lecteur sur la série de manipulations à laquelle il vient d'assister, nous en résumerons ici la marche successive.

— Préparation de la plaque ; son décapage et son avivage.

— Iodurage de la plaque.

— Bromurage.

— Deuxième iodurage.

— Exposition de la plaque sensibilisée à la chambre noire.

— Exposition de la plaque aux vapeurs mercurielles.

— Bain d'hyposulfite de soude sur la plaque.

— Lavage de la plaque avec de l'eau distillée et filtrée.

— Chlorurage de la plaque.

— Autre lavage de la plaque.

— Séchage de la plaque.

— Encadrement.

On pourra peut être agrandir le champ d'exploration de la daguerréotypie. Il nous semble impossible d'obtenir mieux que les résultats auxquels on est maintenant parvenu, comme rendu de l'image.

Déjà, un homme que la photographie compte au premier rang de ses adeptes, M. Martens, a essayé, en faisant agir un objectif mobile sur une plaque demi-circulaire, d'exécuter une vue panoramique. Le succès a justifié ses efforts. Nous nous étonnons de ne pas voir s'engager dans cette direction ceux qui, ne pouvant plus rien ajouter à la perfection des épreuves daguerriennes, ont encore ce moyen de faire progresser la science.

DE LA TALBOTYPIE, OU PHOTOGRAPHIE SUR PAPIER.

L'art et la science ont pu tirer un grand parti de la daguerréotypie. Cependant certains inconvénients, inhérents à cette manière de procéder, avaient frappé les hommes pratiques. Il est difficile et dispendieux en même temps de collectionner des épreuves métalliques, ayant un poids et une épaisseur assez forts et nécessitant, en outre, un encadrement, sans lequel toute sécurité est impossible pour leur conservation et leur emmagasinement. On doit le dire aussi, le miroitage de la plaque nuisait singulièrement à l'effet général. Il fallait une étude particulière pour apprendre à lire dans ce conflit de reflets jetant de la confusion dans l'économie du dessin. Ne pouvait-on pas trouver une surface dont la matité permit d'éviter ce scintillement désagréable.

M. Talbot, après Humphrey Davy et Wedgewood, avait essayé de sensibiliser le papier et d'y fixer l'image, ce que ses prédécesseurs n'avaient pu faire. Le *Philosophical Magazine* du mois de mars 1831, contient une notice assez étendue sur la découverte de M. Talbot. Daguerre n'avait pas encore publié le résultat de ses travaux. En 1841, M. Biot présente à l'Académie des sciences une description des procédés de M. Talbot. Mais les indications du physicien anglais, mal comprises sans doute, ne produisirent pas d'abord une impression concluante. Cependant M. Bayard, en suivant les données de M. Talbot, obtint de belles épreuves ; enfin M. Blanquard Evrard développa dans un mémoire les expériences de M. Talbot, avec des modifications assez importantes.

Dans la daguerréotypie, l'épreuve arrive immédiatement par une seule opération ; il en faut deux pour le papier.

On commence par un effet inverse ; les parties lumineuses de l'objet dont on prend l'image sont en noir ; les ombres sont d'autant plus blanches sur l'épreuve qu'elles sont plus colorées dans la nature. Cette première épreuve a été nommée *négative*, par opposition à la seconde, à laquelle on a donné le nom de *positive*.

Si maintenant on applique cette image inverse sur une feuille de papier recouverte de sels d'argent, il suffira d'exposer ces deux feuilles, serrées l'une contre l'autre, à une lumière intense. Les rayons traverseront aisément les parties non chargées du dessin mis en dessus, et s'arrêteront devant les portions opaques ; ils auront par conséquent sur le papier sensibilisé une action plus ou moins vive, en raison de la valeur des teintes de l'image inverse, qu'ils redresseront par le fait seul de leur passage.

L'ombre d'en haut sera la lumière d'en bas, et la partie lumineuse du négatif deviendra la partie ombrée du positif. Ainsi deux opérations

distinctes, qui peuvent ne pas s'exécuter immédiatement l'une après l'autre. L'épreuve négative devient un cliché, dont on peut tirer, à
plusieurs reprises, un grand nombre d'exemplaires.

Pour bien se rendre compte des difficultés à
vaincre, posons nettement la question. Voici le
problème à résoudre :

D'une part, étant donnée une surface imprégnée d'iodure, de bromure soluble et déjà rendue
elle-même insoluble, mais perméable à tout
liquide propre à dissoudre l'azotate d'argent,
pénétrer cette surface d'une dissolution d'azotate
d'argent, pour rendre insolubles et sensibles
à la lumière, l'iodure, le bromure, en les trans-
formant en iodure et bromure d'argent. Puis,
d'un autre côté, après avoir obtenu dans la
chambre noire, par l'action des rayons lumineux sur les sels d'argent, une image exacte,
mais invisible, la faire sortir en complétant
l'œuvre de la lumière par des agents chimiques
spéciaux; enfin fixer cette image entièrement
développée, en dissolvant et en faisant disparaître les sels d'argent, sur lesquels la lumière
n'a pas agi, en employant des bains et des

lavages qui n'ôtent rien aux autres parties de surface ainsi traitée.

L'épreuve négative peut être faite sur papier, sur verre ou sur glace. Nous allons d'abord donner le procédé sur papier, qui nous a paru le plus facile et le plus certain. Nous commencerons par le négatif. On emploie le papier sec et le papier humide. Dans le premier cas, on peut le préparer d'avance; le papier humide doit s'utiliser à l'instant même de sa préparation. Si nous suivions l'ordre d'invention, le papier humide devrait être étudié en premier lieu. Nous allons néanmoins donner la priorité à la voie sèche.

La première attention du photographe doit se porter sur le choix du papier; il faut qu'il soit d'une pâte fine et égale partout, bien collé, sans la moindre tache, d'un tissu solide et transparent. Le portrait exige plus de finesse encore dans la contexture du papier, tandis qu'une certaine épaisseur est nécessaire pour le paysage et la nature morte. M. Legray a publié une excellente méthode; nous donnerons plus particu-lièrement ses dosages.

Le papier étant choisi dans les conditions voulues, on le solidifie, on bouche ses pores, on le rend transparent en l'imbibant de cire vierge fondue et étalée sur une plaque argentée chauffée au-dessus d'un bain-marie.

L'on applique le papier sur la cire jusqu'à ce qu'il soit également pénétré. Alors on l'introduit entre deux feuilles de papier buvard, sur lesquelles on manœuvre un fer chaud, pour leur faire absorber l'excès de cire contenu dans la feuille photographique. Aucun point luisant ne doit rester à la surface, la transparence doit être uniforme et parfaite. Un fer ayant trop ou trop peu de chaleur, gâterait le papier.

Pour encoller le papier, on extrait la partie glutineuse de 200 grammes de riz cuit dans 3 litres d'eau distillée, avec adjonction de 20 grammes de colle de poisson en feuille. Dès que le riz est à peine crevé, on passe le tout avec un linge fin ; le liquide restant sert à donner du corps au papier et à augmenter la beauté des noirs de l'épreuve.

Il s'agit maintenant de faire entrer dans le papier les sels que la réaction de l'acéto-azotate d'argent doit sensibiliser. On y mêle du cyanure de potassium pour décomposer la cire.

Faites dissoudre :

Sucre de lait. . . .   45 gram. 0 centig.
Iodure de potassium .   15   —   0   —
Cyanure de potassium.   0   — 80   —
Fluorure de potassium   0   — 50   —

Le tout dans un litre de l'eau de riz dont nous avons plus haut déterminé la formule.

Filtrez à travers un linge fin dans un flacon, où cette composition puisse se conserver bonne, et ayez soin de l'employer à une température de 15 à 20°.

Ce bain est mis dans une cuvette de grande dimension et ayant des bords d'au moins 5 centi-mètres; on y plonge le papier ciré par feuilles, sous lesquelles il ne doit rester aucune bulle d'air. On peut préparer ainsi une vingtaine de feuilles à la fois, mais en les introduisant l'une après l'autre dans ce bain et en les y laissant jus-qu'à ce que la cire soit totalement décomposée. Cette décomposition s'opère dans l'intervalle d'une demi-heure à une heure environ. Pour que toutes les feuilles demeurent pendant le même temps dans ce bain, il faut les retirer successivement dans l'ordre où elles ont été immergées, après en avoir retourné la masse.

On les fait sécher en les suspendant par un angle fixé, à l'aide d'un morceau de plume fendue, à un cordonnet de coton bien propre et tendu horizontalement. Le liquide excédant s'écoule par l'angle inférieur auquel on adapte une bandelette de papier buvard, afin d'accélérer la dessication par la succion qu'il produit. Dès que l'asséchement est terminé, on met en réserve, dans un carton, le papier qui doit, si l'opération a été bien conduite, offrir une teinte un peu violacée. On filtre le reste du bain ioduré dans un flacon que l'on bouche hermétiquement, et l'on se sert de ce bain jusqu'à évaporation complète. Il faut faire ces opérations à un jour très-faible ; il est indispensable, pour ce qui va suivre, de fermer le rideau jaune du laboratoire afin de le rendre entièrement obscur. Il s'agit de sensibiliser le papier ioduré.

Faites dissoudre dans un flacon se fermant à l'émeri et que l'on recouvre après, d'un papier noir, 20 grammes d'azotate d'argent dans 300 grammes d'eau distillée ; ajoutez-y 24 grammes d'acide acétique cristallisable, et enfin 8 grammes de noir animal ; agitez le flacon, et quand, après un intervalle assez court, le noir animal est au fond du vase, on filtre la partie supérieure du liquide pour s'en servir immédiatement.

L'opérateur a devant lui deux cuvettes de porcelaine; dans l'une il verse l'acéto-azotate d'argent jusqu'à la hauteur approximative de deux centimètres. La seconde cuvette offre de l'eau distillée en quantité suffisante. Le bain d'acéto-azotate d'argent peut servir à autant de feuilles de 25 centimètres sur 35, qu'il contient de grammes d'azotate d'argent.

On applique soigneusement, sur la surface de ce bain, une des feuilles iodurées, que l'on tient par les deux angles supérieurs en trempant les inférieurs, de façon qu'en rapprochant progressivement ses mains de la surface du bain, la feuille courbée chasse devant elle les bulles d'air qui pourraient surnager dans le liquide et feraient tache sur la feuille. Quand elle est bien étendue, on l'immerge entièrement pendant cinq minutes à peu près; bientôt la teinte violacée du papier ioduré blanchit; le maximum de sensibilité est atteint. On retire à ce moment la feuille du bain d'acéto-azotate d'argent et on la dispose dans la cuvette d'eau distillée, comme on a fait pour le bain précédent, qui peut, sans être filtré, imprégner une dizaine de feuilles l'une après l'autre et que l'on superpose de même dans le bain d'eau distillée. On change cette eau contre une nouvelle, que l'on conserve après l'opération, ainsi que la première, dans un flacon spécial. On recueille également le restant du bain d'argent quand il a servi au plus grand nombre de feuilles possibles, afin d'en retirer l'argent.

Si l'on veut conserver le papier quelque temps, avant de l'employer, il faut le laver davantage ; il a moins de lavages à subir s'il doit être immédiatement utilisé.

Pour retirer le papier du bain d'eau distillée, on en retourne la masse, et, en commençant par la feuille qui se présente alors la première, on enlève successivement les autres pour les faire sécher entre des feuilles de papier buvard propres et neuves. Une fois complétement asséché, on classe ce papier préparé entre chaque feuillet d'un autre cahier buvard, où il se maintient à l'abri de la lumière pendant quelques jours, sans s'altérer, et prêt à être mis dans la chambre noire.

EXPOSITION A LA CHAMBRE NOIRE.

L'objectif étant au point convenable, on substitue à la glace dépolie un châssis ayant deux glaces translucides, entre lesquelles on a placé la feuille sensibilisée appliquée sur un papier buvard et sans le moindre pli. On découvre la plaque à l'intérieur, et à l'extérieur l'objectif achromatique : il reste ouvert de dix à 30 secondes par un beau ciel, et de 40 secondes à une minute à l'ombre, pour un portrait. En prenant une vue avec un objectif simple, en plein soleil, on laissera la lumière agir de 1 à 25 minutes, selon la saison et la coloration des objets.

On procède par opération inverse, dans la fermeture de l'objectif extérieurement, et, intérieurement en recouvrant la feuille avec la trappe. Par la voie sèche, comme dans ce cas, on peut après avoir retiré le châssis parfaitement clos, ne développer l'image que plusieurs jours plus tard. M. Legray assure avoir obtenu de bons résultats même **après** quinze jours.

C'est dans l'acide gallique que l'image va maintenant prendre sa valeur : ce bain se fait à l'instant de s'en servir. En voici les proportions :

Nous avons dit, plus haut, de conserver l'eau distillée ayant lavé le papier négatif; elle contient l'acéto-azotate d'argent proportionnel pour un bain dans lequel on fera entrer 50 centigrammes d'acide gallique et 250 grammes de ce résidu de lavage. Quand la dissolution est achevée, on y plonge l'épreuve dont on suit le développement jusqu'au point convenable : ce temps varie à l'infini ; il faut au moins 10 minutes ; l'épreuve peut y rester quelques heures. Du reste on en juge facilement l'opportunité.

Une fois parvenue à son maximum de vigueur, on retire l'image pour l'étendre sur un autre plateau ; on la lave à plusieurs reprises, en ayant soin d'enlever minutieusement les dépôts cristallins qui pourraient être attachés au verso du papier.

On reconnaît à la teinte grisâtre et générale de l'épreuve, vue en transparence, si elle a été trop de temps à l'exposition dans la chambre noire.

Les parties les plus lumineuses devant être les plus noires, ne sont pas alors plus colorées que les demi-teintes. Dans le cas où la lumière n'a pas agi pendant un temps assez long, les lumières sont à peine indiquées sur un ton noirâtre. La dégradation relative des tons intermédiaires et la vivacité des oppositions, jointes à une grande transparence, annoncent une réussite d'autant plus certaine que le bain d'acide gallique a été porté, par un bain-marie, à une température égale et soutenue, qui a singulièrement accéléré et favorisé l'opération. Quand, après avoir lavé le négatif au sortir du bain d'acide gallique, il s'y trouve des taches d'oxyde d'argent, il est urgent de les faire disparaître en passant dessus un pinceau imbibé d'acide acétique pur.

Fixage de l'épreuve négative. — Ayez une cuvette dans laquelle vous mettez au moins un demi-centimètre de hauteur d'eau distillée augmentée d'un huitième d'hyposulfite de soude. Il existe dans l'épreuve du cyano-fluoro-iodure d'argent, du gallate d'argent et de l'argent réduit. On plonge l'épreuve dans le bain ci-dessus; l'hyposulfite s'empare du cyano-fluoro-iodure d'argent en liberté, et n'agit pas sur le gallate d'argent et l'argent réduit. Quand l'iodure d'argent est parti, le papier prend de la blancheur et de la transparence ; les noirs deviennent beaux et vigoureux. Il faut à peu près une demi-heure pour les papiers ordinaires ; les papiers cirés sont fixés dans l'intervalle de 10 à 15 minutes ; l'épreuve ayant été lavée plusieurs fois, on la met dans une autre cuvette d'eau pour la débarrasser complétement de l'hyposulfite. Au bout d'une heure, on fait sécher l'épreuve négative entre deux feuilles de papier buvard. Si l'épreuve conservait un aspect jaunâtre, provenant de l'iodure d'argent resté dans la pâte de papier, il faudrait la remettre au bain et relaver encore. Il vaut mieux prolonger le bain et les lavages que de négliger d'enlever des sels d'argent, dont la présence nuirait au tirage des positifs et altérerait le négatif non purgé soigneusement par l'hyposulfite. Alors on remet le négatif jaunâtre dans le bain, quand bien même il aurait déjà servi à tirer des exemplaires.

Le papier ciré sec a souvent une teinte sale et paraît grenu ; on le présente devant un feu doux et il reprend sa finesse de détail avec sa transparence.

Nous avons supposé jusqu'ici le papier ciré

préalablement; dans le cas contraire, on cirerait l'épreuve fixée et sèche, de la même manière que le papier blanc.

VOIE HUMIDE.

Le papier peut être ciré et ioduré comme pour la voie sèche; il vaut mieux pourtant ne le cirer qu'après ; il s'emploie au sortir du bain d'azotate d'argent : il devient nécessaire alors de ne pas le laver ni le laisser sécher; on éponge seulement l'excès du liquide, en appliquant sur la surface sensibilisée un papier buvard, que l'on laisse tomber dessus délicatement et que l'on relève de même. Le papier photographique étant encore humide, on le met sur l'ardoise du châssis recouverte d'un papier buvard blanc imbibé d'eau distillée; aucune bulle d'air ne devra subsister entre les deux feuilles ou à la surface.

L'on transporte immédiatement le châssis dans la chambre noire, en le tenant comme il doit être posé ; sans quoi il se produirait des taches. Après une courte exposition, dont le temps est déterminé par les circonstances de lumière, de chaleur, etc., où l'on se trouve, on fait sortir l'image dans un bain d'acide gallique sans acéto-nitrate, le papier en contenant déjà la dose nécessaire.

Ce bain ne dure pas longtemps.

Puis on lave et on fixe l'épreuve comme nous l'avons indiqué pour le papier ciré sec. On fait sécher par le procédé connu, et on cire l'épreuve par le moyen employé pour le papier ciré sec.

Par la voie humide, le papier n'étant ciré qu'après les autres opérations, on prend une feuille de papier plus forte. Après avoir marqué le côté non satiné, on fait glisser l'autre sur le bain d'iodure de façon à ne pas produire de bulles d'air et à ne pas laisser le liquide arriver sur le verso.

Quand le papier est séché, on applique la face iodurée sur l'acéto-nitrate d'argent pendant quelques secondes, et la feuille étant accolée à la doublure humide du buvard, on continue comme cela a été déjà dit.

M. Humbert de Molard prétend donner plus de sensibilité au papier en composant ainsi les bains :

Iodure d'ammonium .   .   20 grammes.

Eau distillée. .   .   .   .   50 centigr. cubes.

Le papier étant sec, on en pose la face iodurée sur un autre bain dont voici la formule :

Azotate d'argent.   .   .   16 grammes.

Azotate de zinc. .   .   .   8   —

Acide acétique.   .   .   .   8   —

Eau distillée.   .   .   .   250 centim. cubes.

Si l'on supprime de ce bain l'azotate de zinc, on augmente l'azotate d'argent de 8 grammes; les autres parties conservent leur dosage relatif. Peu de temps après, on laisse égoutter la feuille avant de la mettre sur le buvard, et le reste s'achève comme pour les autres procédés. Une dissolution d'acide gallique saturée, contenant avec 180 grammes de ce liquide, 50 gouttes d'une dissolution saturée d'acétate d'ammoniaque, est versée sur la feuille, au sortir de l'exposition à la lumière; l'image se développe instantanément. On lave et on fixe par les moyens ordinaires.

Il existe encore d'autres formules pour négatif sur papier; nous donnerons celles proposées par MM. Baldus et Legray, dont les travaux sont placés au premier rang des produits de la photographie. Nous commencerons par l'exposé de la méthode de M. Legray, pour albuminer le négatif du paysage.

Prenez un vase en porcelaine ; mettez-y dix blancs d'œufs avec 4 grammes d'iodure de potassium, 50 centigrammes de bromure d'ammoniaque et 50 centigrammes de chlorure de sodium. La dissolution étant faite, on bat le tout avec une fourchette en bois, jusqu'à ce qu'il s'élève une mousse fine et bien épaisse.

On laisse reposer pendant vingt-quatre heures, au moins, le liquide visqueux, que l'on décante alors pour le verser dans une cuvette ; on place la feuille sur ce liquide ; elle s'en imbibe en deux ou trois minutes. On l'en détache sans temps d'arrêt et de façon à ce que l'excédant s'écoule sans atteindre la face extérieure, qui ne doit pas être immergée, puis on la suspend pour la sécher.

On peut préparer ainsi un certain nombre de feuilles. Quand elles sont parfaitement sèches, on les intercalle entre deux feuillets de papier blanc et l'on promène au-dessus un fer, dont la chaleur ne doit pas aller jusqu'à roussir le papier, mais arriver presque à ce degré ; l'albumine, en se coagulant, est devenue insoluble. Ce papier albuminé se sensibilise dans une solution de 20 grammes d'azotate d'argent et de 24 grammes d'acide acétique dans 300 grammes d'eau distillée. On applique la feuille albuminée sur ce bain, sans interruption et sans laisser naître des bulles d'air. Les opérations consécutives rentrent dans les données déjà décrites.

M. Baldus compose ainsi sa préparation à la gélatine pour le paysage et les monuments :

Eau distillée. . . . . 500 grammes.
Gélatine blanche. . . . 10 —
Iodure de potassium. . . · 5 —

Quand la gélatine est fondue au bain-marie, on ajoute l'iodure de potassium et l'on mêle ces deux substances à l'eau distillée, dans laquelle on fait entrer encore 25 grammes d'un acéto-nitrate, dont voici les différentes parties :

Eau distillée. . . . . 100 grammes.
Azotate d'argent. . . . 6 —
Acide acétique . . . . 12 —

On tient ce liquide à la chaleur, sans cesser de l'agiter pendant près de dix minutes ; il devient bientôt jaunâtre ; on le transvide dans une cuvette chauffée au bain-marie et l'on étend, sur la surface, une feuille de papier transparent et sans taches de fer, en éloignant les bulles d'air qui pourraient surgir. Après dix minutes d'immersion, on relève la feuille pour la suspendre et la faire sécher. Le papier gélatiné étant sec, on le trempe des deux côtés dans une dissolution de 100 grammes d'eau distillée avec un gramme d'iodure de potassium ; on immerge en premier lieu le côté préparé, puis on le retourne avec précaution, dans la crainte de faire naître des bulles d'air ; on le laisse dans le liquide de six à huit minutes, puis on le retire pour le sécher de nouveau ; il est mis ensuite dans un carton, où il peut conserver quelque temps sa propriété sensible. Avant d'exposer à la chambre noire ces épreuves gélatinées négatives, M. Baldus les fait passer sous une presse dont il est l'inventeur, une fois avant de les mettre dans le châssis, et une seconde fois après les avoir collées définitivement sur le papier blanc.

Pour le portrait et par le procédé humide, M. Baldus emploie le papier le plus beau, le plus uni, encollé à l'amidon. Il l'immerge entièrement, de cinq à dix minutes, dans la dissolution suivante :

Eau distillée. . . . 100 grammes.
Hydriodate d'ammo-
   niaque blanc . . 1 —
Hydro-bromate d'am-
   moniaque. . . . 0 gr. 1 décigr.

On sort le papier de ce bain et on l'éponge légèrement. Le reste des opérations suit la marche ordinaire.

M. Legray prépare son papier humide spécial pour le portrait avec certaines modifications. Il met, dans une bassine plate de porcelaine, deux ou trois millimètres en hauteur de la dissolution suivante :

Eau distillée . . . . . . 400 grammes.
Iodure de potassium. . . 20 —
Cyanure de potassium . 2 —
Fluorure de potassium . . 0 gr. 50 cent.

Le papier de Canson, de 15 kilogrammes la rame, est le plus convenable. On en prend une feuille, dont on marque le côté non satiné ; on applique le côté fin sur le liquide, sans le laisser passer à l'envers du papier : une ou deux minutes suffisent pour l'immersion. La feuille en sort pour être séchée entre des feuilles de papier buvard très-fin, que l'on en frictinone tout sens avec la main, et en le changeant pour enlever toute humidité. Quand la feuille est retirée du buvard, on la brosse doucement pour en ôter les impuretés adhérentes à la surface préparée ; on place ce côté expurgé sur le bain d'acéto-azotate d'argent, pendant huit à dix secondes au plus, et l'on étend ensuite la feuille sur l'ardoise de la chambre noire, garnie d'une feuille de papier buvard imbibée d'eau. On met immédiatement à l'exposition ; elle peut durer, en été, de quatre à dix secondes à l'ombre, pour un portrait, et de dix-huit à quarante secondes en hiver. Il y a plus de rapidité d'impression si, après l'application de la feuille préparée sur l'ardoise, on en éponge habilement l'excès d'azotate d'argent avec du papier buvard d'une grande propreté. La suite des opérations a lieu comme dans les méthodes précédentes.

PAPIER POSITIF.

Le papier, du poids de 15 kilogrammes la rame, a été d'abord choisi sans taches de fer et coupé selon les besoins de l'opérateur ; on a constaté l'envers de la feuille, dont le tissu est plus grossier que la partie supérieure lors de sa fabrication. Appliquez et tenez, de deux à trois minutes, l'endroit du papier, sans laisser arriver le liquide à l'envers, sur une solution de 8 grammes d'hydro-chlorate d'ammoniaque dans 100 grammes d'eau distillée, ayant au moins 4 millimètres d'épaisseur dans la cuvette qui la contient.

Après l'avoir retirée de ce bain, on introduit la feuille entre deux papiers buvards que l'on frotte avec la paume de la main pour accélérer l'asséchement, et, quand il ne reste plus d'humidité, on balaie le côté collé avec un blaireau un peu ferme, pour rejeter les impuretés qui pourraient s'y être fixées. Après ce nettoyage on met ce côté de la feuille dans un bain contenant 15 grammes d'azotate d'argent fondu blanc, dans 100 grammes d'eau distillée. Au bout de dix minutes environ, on en retire le papier, on le suspend par un angle pour le sécher. Cette opération doit être faite dans une complète obscurité. Ce n'est que lorsque la déssication est entière que l'on peut employer ce papier, soit en le desséchant avec une lampe à esprit de vin, soit après 24 heures de suspension à une température de 10 à 20 degrés. Ce papier pourrait se conserver pendant deux jours, mais il vaut mieux le préparer le soir pour le lendemain ; il s'altérerait, même dans l'obscurité la plus absolue, par un trop long laps de temps.

Il n'est pas indispensable de faire subir au papier les deux bains, immédiatement l'un après l'autre. Dans ce cas, on réduit à 5 p. 0/0 le sel du premier bain. Le bain d'argent se donne quelques heures avant de mettre le papier à l'exposition de la lumière, sous le négatif.

Si l'on veut donner au positif plus de vigueur et de brillant, on lui applique l'albuminage comme étant plus propre à ce résultat. Voici comment on procède :

Mettez 5 0/0, en poids de cristaux de chlorure de sodium ou d'hydrochlorate d'ammoniaque dans des blancs d'œufs ; battez le tout jusqu'à ce que vous ne puissiez plus augmenter la mousse qui s'est développée. Après quinze heures au au moins, vous décantez le liquide dans une bassine et y placez, d'un côté seulement, le papier pour positif comme pour négatif. Après deux ou trois minutes, on l'assèche et on termine en passant le fer chaud.

Si la feuille ainsi traitée offrait trop de luisant à sa surface, on en corrigerait l'excès, en ajoutant aux blancs d'œufs, avant de les battre, une certaine quantité d'eau distillée avec un pour cent d'hydrochlorate d'ammoniaque ou de chlorure de sodium. La proportion de moitié d'albumine et d'eau est peut-être la plus favorable. On n'est pas obligé de mettre de suite ce papier bien sec au bain, sur lequel il doit être appliqué par son côté albuminé et pendant trois ou quatre minutes. Ce bain se compose de 15 parties d'azotate d'argent et de 100 parties d'eau distillée. Puis on suspend le papier par un angle ; quand il est sec, on s'en sert comme du papier positif ordinaire.

————

TIRAGE DE L'ÉPREUVE POSITIVE.

Ouvrez le châssis à exposition : posez sur la glace le négatif par son verso ; le recto se trouve ainsi toucher le côté préparé du positif. On rabat la planchette, dont on fait adhérer, en tous points, la surface, couverte d'un drap noir, à celle du positif, pressant à son tour le négatif sur la glace, à l'aide de vis dont les barres transverses sont munies. Le châssis dont nous nous servons provient des ateliers de Schiertz. En laissant déborder un des côtés du papier positif, on suit parfaitement l'action de la lumière, qui doit tomber perpendiculairement sur l'épreuve, le châssis étant retourné pour présenter la glace au jour. A une lumière diffuse, il faut plus de temps qu'en plein soleil. On juge de l'état de l'épreuve par le bord excédant, et mieux encore en ouvrant un des côtés du châssis et en examinant une fraction de l'épreuve elle-même. Elle passe successivement par les teintes suivantes : gris-bleuâtre — noir bleu — noir — bistre — — sépia — jaune feuille morte — verdâtre. — A ce point, le ton grisâtre de la teinte indique la réduction complète du chlorure d'argent à l'état métallique. Quel que soit le ton que l'on veut avoir, il est bon de le pousser un peu plus loin au châssis, pour qu'il revienne, après le fixage, à la valeur désirée.

La plupart des photographes placent, entre le négatif et le positif, une feuille de papier rendue transparente par la cire fondue, ou bien une feuille glacée en gélatine, pour préserver le négatif des taches que pourrait lui imprimer l'azotate d'argent. Au sortir du châssis à exposition, on fixe immédiatement l'épreuve, comme il suit, d'après M. Van Monckhoven.

L'épreuve positive est immergée entièrement, pendant dix minutes, dans une bassine contenant un centimètre en épaisseur d'eau distillée et filtrée. Par un mouvement de bascule, on fait passer et repasser le liquide sur le papier pour bien dissoudre l'excès de nitrate d'argent : une nouvelle eau achève d'en faire disparaître les dernières parcelles. Après avoir fait égoutter l'image, on la dépose sur une solution de 1 gramme de chlorure d'or et de 10 grammes d'acide chlorydrique dans 1,000 grammes d'eau distillée. Quand vingt secondes se sont écoulées, on enlève complétement l'acide chlorydrique par un lavage souvent répété. Dès que l'image est devenue bleuâtre, on l'immerge dans un bain de 100 grammes d'hyposulfite et 1,000 grammes d'eau distillée. Si l'on préférait un ton violacé d'une grande beauté, on pourrait substituer à ce dernier bain la combinaison que voici :

Faire dissoudre, d'une part, dans un flacon, 250 grammes d'hyposulfite de soude avec 500 grammes d'eau distillée.

D'autre part :

Chlorure d'or. . . . . . 1 gramme.
Eau distillée. . . . . 500 —

On verse cette seconde solution, et par petites portions, dans la première, puis l'on immerge l'épreuve positive comme précédemment.

Il faut plusieurs heures dans ces bains pour faire disparaître entièrement le chlorure d'argent non réduit. L'on doit laisser ensuite, pendant vingt-quatre heures, l'épreuve fixée dans des bains d'eau souvent renouvelés, afin de laver ce qui resterait d'hyposulfite. On termine par un dernier bain d'eau distillée et filtrée; il doit durer deux heures.

Comme il est indispensable, pour la conservation de l'épreuve, de n'y laisser aucune parti-
cule d'hyposulfite, on fait tomber, après le dernier lavage, quelques gouttes de l'eau dont on
vient de se servir, dans une dissolution très-lim-
pide de bichlorure de mercure. Si cette dissolution se trouble au contact de l'eau de lavage et
prend une teinte opaline, l'hyposulfite n'a pas
complétement disparu. Il faut continuer de laver jusqu'à ce que le bichlorure de mercure ne
perde rien de sa limpidité. Cette expérience
réussie donne la certitude de l'inaltérabilité de
l'image qui, séchée, peut rester à la lumière.

Voici comment M. Legray pratique le fixage
du positif. Dans un flacon sont dissous :

Hyposulfite de soude. .   100 grammes.
Eau filtrée.   600   —
Chlorure d'or. . . .   1   —

Un second flacon contient 18 grammes d'azotate d'argent dans un ou deux verres d'eau, auxquels on ajoute, après dissolution complète, une
solution saturée de chlorure de sodium, jusqu'à
ce qu'il ne se forme plus de précipité blanc.
Quand il est au fond, l'on décante pour recueillir le précipité, donnant 15 grammes de chlo-

rure d'argent, que l'on jette dans une capsule en le remuant avec une baguette de verre pour le faire noircir à la lumière. A ce point, on le réunit au liquide du premier flacon, et, avec ce composé, l'on fixe l'épreuve positive, dont le ton dépend de la durée de ce bain.

NIEPÇOTYPIE, OU PHOTOGRAPHIE SUR VERRE.

Nous venons d'exposer le système de photographie sur le papier et par le papier. Si le lecteur a pris la peine de suivre exactement la marche des opérations, il a dû comprendre combien il faut attacher d'importance au choix du papier destiné à servir de cliché ou bien à recueillir l'image produite par le passage des rayons lumineux à travers les tons nuancés de l'épreuve négative.

Le papier négatif doit présenter une égalité parfaite dans sa contexture, son épaisseur et sa *transparence;* il doit être uniformément imprégnable et extensible dans les bains dont il aura souvent à supporter l'effet. Les qualités d'un bon positif sont une surface rigoureusement plane, que la lumière puisse toujours frapper verticale-

ment, et une pâte exempte d'éléments hétérogènes nuisibles.

Sans ces conditions expresses, il est impossible d'arriver à la finesse et à la puissance du
modelé.

Le papier fabriqué jusqu'alors suffisait aux
exigences des calligraphes ; sa pâte laissait beaucoup à désirer encore, avant de satisfaire aux
besoins de la photographie. Un homme, dont le
nom était déjà d'un heureux présage, M. Niepce
de Saint-Victor, le neveu du collaborateur de
Daguerre, chercha le moyen d'obvier aux difficultés inhérentes à l'emploi du papier pour négatif. Il essaya d'appliquer l'albumine sur une
glace, combinant ainsi la *planité*, la transparence et la ténuité de ces deux éléments pour en
composer un tout homogène éminemment pho-
togénique.

Le succès vint justifier les prévisions théori-
ques de M. Niepce de Saint-Victor. Le verre,
sans rien ôter à la translucidité de l'albumine,
la planifiait, si l'on veut nous permettre ce mot,
et retenait fortement les substances propres à la
sensibilisation. Voici la série des manipulations
à exécuter :

La glace est rodée sur ses bords; elle a été choisie sans bulles, sans stries, d'une grande limpidité et aussi mince que possible. On l'immerge pendant douze heures au moins dans une cuvette de verre contenant de l'eau, dans laquelle on a mêlé quelques gouttes d'acide azotique, afin d'enlever les parties graisseuses tachant la glace.

On la pose ensuite sur un coussinet de papier pour la frotter en tous sens, avec un tampon de coton imbibé d'une légère dissolution de tripoli de Venise dans de l'alcool. Après avoir complétement décapé la glace des deux côtés, on l'essuie avec du papier de soie sans pluche et finalement avec un morceau de peau de daim, dans un état constant d'extrême propreté. On a soin de placer deux petits coussins de papier sous les doigts qui tiennent la glace, pour ne pas y laisser d'empreinte fâcheuse; et on tourne en dessous la surface désignée pour recevoir l'albuminage, afin de mieux la garantir de la poussière ambiante. Il est d'usage de préparer d'avance un certain nombre de glaces, et de les mettre à l'abri de tout accident dans une boîte à rainures hermétiquement fermée.

L'albumine se traite en ajoutant 2 grammes

d'iodure de potassium ou d'iodure d'ammonium
à 100 grammes de blancs d'œufs, le tout battu
en neige et tenu en repos pendant dix-huit heures.
On en décante le résidu liquide ; on le filtre sur
un tampon de coton pour en retirer les filaments
visqueux non liquéfiés par le battage.

Cette liqueur peut s'employer alors, mais elle
acquiert plus de fluidité avec le temps, si l'on
prend le soin de la filtrer chaque fois que l'on
veut en faire usage. Pour l'étendre sur la glace
d'une manière uniforme et lui conserver partout
une égale épaisseur, nous procéderons ainsi :

La glace est couchée à plat sur un coussin de
papier. La main gauche tient un mandrin en
bois blanc et entouré, à sa plus large extrémité, d'une bande de cire à modeler, que nous
pressons contre le verre avec le pouce droit, en
faisant exécuter un petit mouvement de torsion
au mandrin. L'adhérence étant bien constatée,
et le mandrin pris par la main gauche, on retourne la glace ; on l'essuie de nouveau et l'on
verse, de la main droite, au centre, l'albumine
contenu dans un flacon, auquel on rend l'excédant du liquide, après lui avoir fait parcourir,
sans arrêt et sans bulles, toute la superficie de la

glace. Il suffit, après l'écoulement opéré vers l'angle inférieur, d'un léger tremblement de la main pour égaliser la nappe albumineuse conservée, et dont on maintient l'équilibre en la plaçant sur le cadre d'un pied à caler et dans une position parfaitement horizontale, jusqu'à dessication entière à l'air libre, en la préservant de la poussière. Enfin on chauffe de 60 à 80 degrés pour rendre l'albumine insoluble dans l'eau ; il est urgent néanmoins, avant de sensibiliser la glace, si cela n'a pas lieu immédiatement après l'opération précédente, de l'exposer à une chaleur assez élevée pour absorber tout reste d'humidité survenue depuis.

Quand on prépare d'avance un certain nombre de glaces, on les renferme dans un séchoir composé d'appuis rigoureusement horizontaux, et ne livrant aucun accès à la poussière, dont il faut redouter les moindres atomes. Dans ce cas, comme dans la première hypothèse, on emploie encore la chaleur pour ne laisser aucune parcelle humide sur l'albumine, avant de la mettre sur le bain d'acéto-azotate d'argent, dont voici la formule : Une quantité d'eau suffisante, contenant un dixième d'azotate d'argent en dissolution et un sixième d'acide acétique : ce bain se met ordinairement dans une cuvette verticale, où l'on introduit d'un seul coup la glace albuminée pour la sensibiliser; nous employons avec la même sécurité un bain étendu dans une cuvette horizontale, en reprenant la glace au bout d'un mandrin, avec une cire plus molle que la première dont on s'est servi en versant l'albumine.

Quand la glace est bien assujettie, nous lui faisons araser, d'un seul mouvement continu, la superficie du bain, avec lequel nous la laissons en contact complet de cinq à six minutes, en évitant la formation de bulles d'air et de mousse et les temps d'arrêt. Lorsque le bain a produit l'effet voulu, la glace est relevée en commençant par le bord plongé le premier, de façon à ce que le liquide s'écoule dans la direction suivie en y introduisant la glace. Après le rejet de l'excédant du liquide, on passe un papier de soie sur les bords de la glace, et on lave à l'eau distillée. Quelques praticiens ajoutent à ce lavage un peu de fluorure de potassium, afin d'obtenir ainsi plus de rapidité. M. de Brébisson propose de plonger la glace dans un bain d'iodure de fer; en cet état, la glace est mise à la chambre noire. Il serait possible, en séchant la glace albuminée dans un endroit complétement obscur, de ne l'employer que deux jours après.

La durée de l'exposition est en raison de l'intensité de la lumière ; un seul essai en indique la mesure. En retirant la glace, on en fait sortir l'image, en étendant dessus une dissolution tiède de 1 gramme d'acide pyrogallique dans 200 grammes d'eau distillée contenant, en outre, un dixième d'acide acétique cristallisable. Quel que soit le procédé, l'on fixera par une saturation d'hyposulfite de soude, et l'on fera sécher l'épreuve après l'avoir lavée à grande eau.

Il arrive souvent que l'image n'a pas acquis toute la valeur nécessaire à la justesse de l'effet. On remédie à cette faiblesse de teintes en recouvrant l'image d'un nouveau bain de l'acéto-azotate, dont on vient de se servir pour la sensibilisation, et l'on a recours, une seconde fois, à l'acide pyrogallique si le résultat de cette répétition est insuffisant ; on recommence, en suivant la même marche, jusqu'à ce que l'on ait atteint le point de vigueur désiré. M. Bersth propose d'étendre sur la glace un bain saturé d'acide gallique.

Ce cliché s'utilise en appliquant sous lui une feuille de papier positif, obtenu comme nous l'avons précédemment indiqué, soit ordinaire, soit albuminé, ce qui assure un meilleur produit. On place, ainsi juxtaposés, la glace et le papier sur lequel doit être l'épreuve positive, dans un châssis à jour et dans la feuillure duquel l'une et l'autre sont maintenus; ils sont pressés par un drap noir d'un tissu fin adhérent à une planchette servant à rapprocher plus intimement la glace négative et la feuille positive.

La durée de l'exposition à la lumière se détermine par la marche de son action, dont on se rend compte en suivant ses progrès à travers un des coins de la glace, dénudé de sa préparation. Dès que l'épreuve positive est parvenue au ton voulu, on la retire du châssis et on la fixe par la méthode ordinaire.

Il existe d'autres procédés dont l'albumine est la base. Celui-ci nous paraît préférable comme plus sûr et plus facile.

La combinaison de l'albumine et de la glace était une amélioration importante ; auparavant, on avait essayé, puis abandonné la gélatine. L'albumine avait fourni à M. Bacot un cliché dont il avait tiré des positifs, montrant aux yeux émerveillés du spectateur la mer et ses vagues soulevées.

Trois mois plus tard, M. Talbot était parvenu à sensibiliser l'albumine au point de lui faire saisir l'empreinte de lettres tracées sur un disque tournant rapidement sur son axe et instantanément éclairé par la lumière électrique. Voici comment M. Talbot avait manipulé. Il avait recouvert la glace d'une première couche d'albumine qu'il avait plongée dans un bain de nitrate d'argent très-faible. Après ce premier bain, il avait sur-ajouté un second albuminage, sensibilisé ensuite par le proto-iodure de fer, et enfin par un bain où le nitrate d'argent entrait à plus forte dose. L'exposition à la chambre noire avait eu lieu après cette opération auxiliaire.

M. Bacot était dépassé.

La photographie sur verre devait aller plus loin. L'art de guérir s'était enrichi du collodion ou dissolution du coton-poudre dans l'éther. M. Legray pensa pouvoir substituer cette matière à l'albumine ; il donna l'éveil, après avoir expérimenté lui-même, en se servant, pour agents accélérateurs, de l'ammoniaque et des fluorures. Dans son système, le protosulfate de fer remplissait le rôle de révélateur. C'était en 1850 ; vers la fin de cette année, M. Legray énonçait cette application.

M. Bingham fit, en collaboration avec M. Cundell, des essais heureux du collodion. M. Archer le traita avec l'iodure d'argent dissous dans l'iodure de potassium et sensibilisé dans un bain de nitrate d'argent, avec l'acide pyrogallique pour agent révélateur, selon les indications de M. Regnault.

M. Archer fit plus, il communiqua une méthode pour transformer immédiatement le négatif en positif. M. Herschell en avait eu la première pensée. Ultérieurement, M. de Brébisson vint apporter son contingent à l'ensemble de ces efforts communs. Nous nous occuperons d'abord du négatif, et nous parlerons plus tard du positif direct ; nous allons décrire les manutentions et les doses dont nous faisons usage ; elles résultent des diverses tentatives faites jusqu'à ce jour.

DU COLLODION.

La base du collodion est le coton-poudre rendu soluble dans l'éther, additionné d'alcool et sensibilisé par un iodure. Aucune substance n'est plus rapidement impressionnée par la lumière, et ne présente, dans sa pâte substituée au papier, plus d'homogénéité dans sa contexture, plus de finesse dans sa porosité. Aucune substance ne s'imprègne mieux des liquides sensibilisateurs, et dans de meilleures conditions.

Le coton-poudre se fait par petites doses. Nous allons opérer sur 4 grammes; cette quantité permet à l'acide de produire son action d'une manière plus profitable sur toutes ses parties. Le coton est d'une blancheur de neige; il est sans poussière, d'une grande souplesse, parfaitement épuré et cardé.

Mesurez d'avance et prenez :

Acide sulfurique pur à 66°.   60 grammes.

Salpêtre réduit en poudre
    très-fine. 80   —

Placez-vous sous le manteau d'une cheminée à fort tirage, ou dans un courant d'air protégeant l'opérateur contre les vapeurs délétères qui vont se produire. Ayez un vase de verre dans lequel vous avez mis d'abord l'acide sulfurique non fumant; versez-y le salpêtre par petites quantités successives, en remuant sans relâche cette mixture avec un agiteur en verre, jusqu'à ce que le mélange devienne sirupeux et égal dans tout son volume.

Jetez dedans le coton, dont vous aurez fait sortir l'air en le pressant, et cela d'un seul coup, sans quoi la portion introduite à plusieurs reprises prendrait une teinte nuisible et ne se délayerait pas entièrement dans l'éther ; ne cessez pas d'agiter et de fouler le coton immergé en entier, pendant huit minutes, après lesquelles vous lavez à grande eau le coton saturé de sel ; vous renouvelez ce lavage jusqu'à ce que le papier de tournesol, appuyé contre le coton, conserve sa teinte bleue sans altération rougeâtre. Il ne doit rester aucune trace d'acide et de sulfate de potasse. Terminez alors par un bain d'eau distillée. Le coton ayant été pressuré avec vigueur, puis écartelé en minces flocons, faites-le sécher entre deux feuilles de papier de soie ou sous une étoffe de mousseline propre à laisser circuler l'air et à s'opposer à l'accès de la poussière ambiante. Deux jours sont nécessaires pour la dessication du coton à une température ordinaire. Il est plus prudent, pour n'avoir aucun doute sur sa siccité intégrale, d'exposer, en dernier lieu, le coton à une chaleur de 60 à 80 degrés.

Le collodion simple s'obtient par un composé de :

Ether sulfurique. . . 100 grammes.
Alcool pur à 36°. . . 20 —
Coton-poudre bien sec. 1 —

mis dans un flacon à l'émeri, que l'on secoue pendant dix minutes pour arriver à une parfaite dissolution ; elle peut se garder indéfiniment. Nous inscrivons le n. 1 sur ce flacon. Plusieurs photographes filtrent le collodion à travers un tampon de coton pur et sec placé dans le fond d'un entonnoir ; il est mieux peut-être de décanter le liquide après que les matières en suspension sont tombées au fond du vase ; il y a moins d'évaporation et par conséquent moins d'épaisissement. Il faut faire entrer moins de coton-poudre dans le collodion au temps des chaleurs. En hiver, il entre à plus forte dose dans la composition. L'expérience indique ces nuances de densité. Le collodion photographique s'emploie pour faire des épreuves négatives ou directement positives sur verre, à l'aide d'une modification fort simple.

Nous allons donner en premier lieu la formule du négatif.

Faites dissoudre, dans un flacon spécial coté n. 2 :

Iodure de potassium bien pilé. . . . . . . 3 grammes.
Iodure d'ammonium très-blanc. . . . . . 3 —
Bromure d'ammonium. . 1 —
Alcool à 36°. . . . . 50 —

Laissez reposer pendant vingt-quatre heures. Après ce laps de temps, versez dans un troisième flacon 100 grammes de collodion simple, flacon n. 1, auxquels vous ajouterez 15 grammes du liquide contenu dans le flacon n. 2. Trois jours de repos sont indispensables avant d'utiliser ce collodion pour négatif.

Pour ne pas commettre d'erreurs dans les dosages des liquides désignés, nous les considérons ici, malgré leur poids différent, comme

ayant une pesanteur égale à celle de l'eau distillée.

Le collodion photographique s'étend sur la
glace de la même manière que l'albumine. La
glace a été nettoyée avec le plus grand soin. Le
mandrin la saisit et la met à la disposition de
la main gauche; la main droite incline dessus le
flacon n. 3 et verse le liquide au centre de la
glace, d'où il s'étale pour recouvrir rapidement
et successivement toute la surface. Il s'écoule
enfin, sans temps d'arrêt, par l'angle inférieur
du bord tourné vers l'opérateur, qui recueille,
dans un autre vase, l'excédant de la liqueur; sa
chute dans le flacon, dont elle sort, troublerait le
reste du collodion et ne permettrait de s'en servir qu'après un assez long repos. Cet excédant
ne se perd pas; on le remet, à la fin des opérations du jour, dans le vase d'où il a été primiti-
vement tiré. Après quelques secondes employées
à niveler le collodion sur la glace, par une légère oscillation manuelle, et au moment où il
va se coaguler, on le glisse et on le tient sur un
bain d'eau distillée, avec un dixième de nitrate
d'argent dans une cuvette horizontale en gutta-
percha.

Pendant cette opération, qui dure environ de une à deux minutes, le mandrin n'a pas quitté la glace ; il sert à la mouvoir pour l'introduire d'un seul plongeon, au commencement de l'immersion, et à la retirer, soit définitivement, soit pour s'assurer, quand la teinte laiteuse s'est produite, qu'il ne reste plus de matière visqueuse, dont la disparition complète marque l'instant précis du retrait.

Alors on laisse égoutter le surplus du liquide sensibilisateur ; pour en accélérer l'écoulement, on attache à l'angle inférieur de la glace un peu de papier buvard, qui absorbe les dernières gouttelettes.

A ce point, le collodion n'est ni sec, ce qui lui ferait perdre sa sensibilté ; ni trop humide, ce qui nuirait à la régularité de l'impression lumineuse et le ferait se détacher de la glace. Il doit offrir partout un aspect mat, sans marbrures et sans stries. Dans ces conditions, l'on couche la glace sur le châssis, et, sans la laisser effleurer par la lumière, on la porte immédiatement dans la chambre noire. L'état de l'atmosphère, l'intensité de la lumière, le plus ou moins de rapprochement du modèle, font varier la durée de l'exposition de une à dix secondes. En plein soleil, l'ouverture et la fermeture de l'objectif sont presque instantanées. Au sortir de la chambre noire, on développe l'image dans un bain d'eau distillée, saturée de protosulfate de fer, avec addition de quatre gouttes d'acide sulfurique et 2 grammes d'acide acétique pour 100 grammes de saturation de protosulfate de fer. Ce bain, bien filtré avant chaque opération, sert pour un assez grand nombre d'épreuves. Il suffit de le rajeunir, de temps en temps, avec une petite adjonction d'une solution neuve de protosulfate de fer et de quelques gouttes d'acide sulfurique.

Quand l'image est sortie, on lave à grande eau, puis on fixe en versant dessus une saturation d'hyposulfite de soude ; on la retient à la surface jusqu'à ce que l'iodure d'argent ait entièrement disparu. La teinte jaunâtre fait bientôt place à un ton plus blanc ; la transparence de l'épreuve est arrivée au point convenable.

On lave de nouveau en manœuvrant avec prudence, de crainte de détacher le collodion ou de le déchirer ; on achève le lavage à l'eau distillée.

Pour débarrasser la glace de cette eau, on l'appuie, par un de ses angles inférieurs, sur un papier buvard recouvrant un plan horizontal, sur lequel s'élève une paroi verticale, contre laquelle repose l'angle supérieur de l'épreuve, le dessin en dedans. Elle se dessèche ainsi normalement sans avoir recours à la chaleur, souvent trop forte, d'une lampe à esprit de vin, et dont quelques personnes font usage pour accélérer la dessication. Ce moyen n'est bon que pour enlever la dernière trace d'humidité. Au lieu de protosulfate de fer, un assez grand nombre de photographes emploient pour réducteur, au sortir de la chambre noire, une solution d'acide gallique.

En procédant ainsi, la glace est placée sur un support à vis calantes, la face collodionnée en dessus; l'on y verse la solution gallique. Après quelques minutes, on voit l'image apparaître, puis se développer progressivement et atteindre enfin le maximum de vigueur *obtensible* par le moyen mis en œuvre. Pour renforcer l'épreuve, on renouvelle l'acide gallique, en y joignant un dixième de son volume, d'une dissolution de nirate d'argent. Cette manière ne vaut pas celle

qui consiste dans l'emploi de l'acide pyrogallique pour le négatif. Avec l'acide pyrogallique,
il faut une moins longue exposition à la chambre noire qu'avec l'acide gallique, et, de plus,
le résultat est meilleur.

Voici la composition à faire :

Eau distillée.   .   .   .   400 grammes.

Acide acétique cristallisa-

    ble.   150   —

Acide pyrogallique.   .   .   1   —

On recouvre en entier la glace de cette solution, et d'un jet unique, pour assurer l'égale
apparition de toutes les parties de l'image, sans
que l'une de ces parties puisse rester sous le
bain plus ou moins de temps que les autres.

Plus les oppositions à obtenir comme effet
devront être vives, plus on élèvera la dose de
l'acide acétique: On la diminuera si les contrastes
doivent être moins saillants. L'acide agit en
préservant les noirs, et il renforce les parties
transparentes, en donnant plus de lenteur à la
réduction. La venue de l'image se juge par
transparence. Au moment où l'acide prend une
teinte d'un gris sale, les détails se montrent dans
les ombres avec une certaine intensité. Dès qu'il

se forme un précipité, il faut empêcher son adhérence à l'épreuve, en la faisant mouvoir circulairement par un jeu de bascule. On plonge alors la glace dans l'eau filtrée, que l'on renouvelle à différentes reprises ; on fixe par une solution de 50 grammes d'hyposulfite de soude dans 100 grammes d'eau. Puis on lave soigneusement de façon à n'oublier aucune trace de sel sur l'image ; on termine avec de l'eau distillée. L'eau doit couler sur la surface sans secousses brusques, qui pourraient déchirer le collodion et le séparer du verre. On fait sécher la glace, en appuyant son angle supérieur sur un plan vertical, l'image en dessous, et son angle inférieur sur un petit matelas de papier buvard horizontal.

On pourrait fixer avec une dissolution de 10 grammes de cyanure de potassium dans un litre d'eau. L'iodure d'argent disparaît vite sous cet agent énergique ; mais souvent il altère les demi-teintes, et son emploi n'est pas sans danger ; le cyanure de potassium est un poison assez violent ; nous lui préférons l'hyposulfite de soude.

Dans le cas où, avant d'opérer le fixage, l'intensité du négatif ne serait pas au ton cherché, on reverserait dessus de l'acide pyrogallique, avec un nombre de grammes de nitrate d'argent double de celui de l'acide. Le mélange se fait au moment même de s'en servir. L'acide pyrogallique donne de beaux noirs.

Le fixage préserve le cliché de l'action de la lumière, mais ne le garantit pas de tout contact avec des corps étrangers. Il faut recourir à un vernissage qui, sans rien ôter à la transparence, consolide le tissu. On peut prendre une composition de deux parties de benzine-Colas avec une partie de vernis dur au copal de la plus grande blancheur possible. Il existe d'autres vernis. Ce qui importe surtout, c'est qu'ils soient fluides pour être versés facilement comme le collodion à recouvrir, et assez épais pour protéger l'image. Il faut qu'ils ne puissent se ramollir à une chaleur solaire de 80° environ, que leur transparence soit belle, et que le frottement, ainsi que l'humidité, soient sans action sur eux. Une solution aqueuse de 8 grammes de gomme arabique dans 100 grammes d'eau peut suffire à un très-petit tirage.

Ce vernis s'étend sur l'épreuve négative, comme le précédent, en le faisant couler dessus, pour n'y conserver que la couche nécessaire. Seulement, dans le premier cas, avec le vernis copal, l'épreuve est parfaitement sèche ; dans le second, il doit rester un peu d'humidité sur le négatif, afin de favoriser l'application du vernis gommeux.

On fait mouvoir la glace dans tous les sens, puis on reverse l'excédant du vernis dans le vase. Le vernis-gomme doit être débarrassé de toute impureté et de bulles d'air. On fait sécher, à l'abri de la poussière, sur un plan horizontal. Le cliché peut alors donner de bons positifs. Une trop grande proportion de gomme le ferait écailler et lui communiquerait un excès de transparence nuisible ; avec une quantité de gomme trop faible, l'image ne serait pas assez consolidée.

PHOTOGRAPHIE SUR VERRE. — ÉPREUVE POSITIVE DIRECTE SUR COLLODION.

Que nos lecteurs veuillent bien se reporter à notre chapitre consacré à l'exposition de la méthode des négatifs sur verre, à l'aide du collodion.

Nous avons déjà sous la main les deux flacons désignés par les n°˙ 1 et 2.

Nous continuons :

Dans 20 grammes d'eau distillée, nous mettons 1 gramme de limaille de fer et 3 grammes d'iode pur. Nous laissons reposer pendant douze heures cette liqueur, qui prend alors une belle teinte rouge. A ce moment, nous retirons 15 grammes de la dissolution de ces trois substances, et nous mélangeons ces 15 grammes avec 125 grammes d'alcool à 36 degrés dans un flacon sur lequel nous inscrivons le chiffre 3, pour le distinguer des deux autres ci-dessus indiqués.

Nous composons notre collodion, pour positif, de la manière suivante :

Nous versons dans un flacon à l'émeri 100 grammes de collodion simple (flacon n° 1), 10 grammes du flacon n° 2, et 5 grammes du flacon n° 3. Après trois jours, ce collodion photographique est bon à employer ; il nous a toujours donné de magnifiques résultats.

La glace se nettoie, se tient, se collodionne, se sensibilise, se met à la chambre noire, et son image se fixe comme pour l'épreuve négative ; seulement, le temps de l'exposition est moins long. On peut, sous l'action d'une belle lumière, obtenir une impression presque instantanée ; l'épreuve se voilerait infailliblement sans une rapidité extrême de l'ouverture et de la fermeture de l'objectif.

Au sortir du bain de protosulfate de fer, l'image est visible. Le fixage à l'hyposulfite de soude lui rend toutes les teintes du modèle, au devant d'un fond noir. Vu en transparence, l'effet contraire se produit. En renforçant les tons, l'on obtiendrait un négatif au lieu d'un positif direct.

On peut éclaircir l'épreuve en employant une saturation de bichlorure de mercure, que l'on répand également sur toute la surface collodionnée de la glace. L'image, trouble d'abord, redevient nette dans un laps de temps assez court. Après un lavage fait largement et prudemment, on s'assure de la blancheur relative des parties lumineuses et de la beauté des nuances obscures. Dans le cas où l'on présume avoir besoin de bichlorure de mercure, il ne faut pas faire entrer de fer dans la composition du collodion, et substituer aux 5 grammes du flacon n° 3, 5 grammes en plus du flacon n° 2. Nous avons pu cependant, après trois mois d'intervalle, blanchir avec le bichlorure une épreuve obtenue par un collodion où l'iodure de fer entrait dans la proportion indiquée plus haut pour le positif direct.

Plus les bains se multiplient, plus on doit prendre de précautions pour ne pas déchirer ou altérer l'image ; il faut surtout épancher bien doucement sur l'épreuve amollie, l'eau distillée indispensable pour faire disparaître les plus petits atômes de matières hétérogènes, dont l'action nuisible se ferait immanquablement sentir tôt ou tard.

Le vernissage et la consolidation de l'épreuve se font avec une solution de vernis copal dans une quantité plus ou moins grande d'essence de térébenthine, contenant assez de bitume de Judée pour fournir une liqueur épaisse et facile à étendre sur le côté collodionné de la glace. Cette liqueur sèche très-vite et se concrète en un enduit que l'humidité ne peut traverser. Cette opération se fait en tenant la glace par l'un de ses angles ; on verse le vernis à peu près au milieu de la surface ; on le dirige vers les bords supérieurs, puis, de là, vers l'un des angles inférieurs, sur lequel on pose l'épreuve pour laisser écouler l'excès du vernis. On appuie la glace en haut par l'angle opposé, sur un plan vertical solide, et la face libre en dehors.

L'épreuve positive directe offre un incontestable avantage. Comme elle n'est pas produite par un tamisage des rayons solaires à travers un négatif, elle résume et retient toutes les finesses de la nature, sans aucune déperdition de nuances et de délicatesse. Son fini atteint les dernières limites du possible si le collodion a la limpidité convenable.

Quand la liqueur est granuleuse, la couche collodionnée offre le même aspect et fournit les mêmes moyens d'effets que le papier à gros grains; les demi-teintes ayant moins d'importance, les lumières et les ombres acquièrent plus d'ampleur. Ce n'est plus Terburg que l'on voit revivre dans l'œuvre, mais le Corrége et le Titien. Si le photographe sait appliquer à la reproduction du naturel ces ressources intrumentales, il pourra tellement agrandir le champ de son exploitation, qu'il élèvera la science jusqu'à l'art des maîtres anciens, au lieu d'en faire le plus souvent un objet de bas trafic, en subissant les exigences d'un mauvais goût contagieux. Celui-là seul sera véritablement artiste, s'il enseigne aux masses comment on doit comprendre le vrai et le beau, et se constituera ainsi l'un de leurs plus sûrs propagateurs.

Conçoit-on, par exemple, que l'on ose avilir, sous une couche grossière de couleur, une image où la lumière a prodigué l'admirable travail de ses rayons, et que l'on ait assez peu de pudeur pour substituer à une opération merveilleuse, la main inhabile d'un *colorieur* de portraits? Laissez à l'épreuve sa virginalité et ne la déflorez pas par un mensonge.

Insistons maintenant sur un autre point. Il n'y a pas de progrès possible en photographie si l'on ne s'applique soigneusement à se rendre compte des résultats obtenus, quelle qu'en soit la conséquence immédiate, réussite ou défectuosité.

Savoir reconnaître la cause d'un insuccès est un bénéfice réel. Rien de plus décourageant que l'impuissance de porter remède à un accident, quand on ne s'en explique pas nettement la source. Remonter à l'origine d'une imperfection, c'est se mettre sur la voie des améliorations, dont la somme constitue le fonds scientifique de chaque expérimentateur.

Nous allons abréger les recherches du débutant en le mettant à même de recourir au besoin, et instantanément, à une explication claire et précise du fait, et qui le conduise à la solution cherchée. Dans ce but, nous donnerons un ordre alphabétique au mot à l'occasion duquel nous fournirons le renseignement demandé pour la chose.

Accidents sur l'épreuve.—Il en est de plusieurs sortes. Les *jaspures* sont souvent le résultat de l'excès du liquide resté sur la couche collodionnée, après le bain de nitrate d'argent, et qu'il aurait fallu laisser égoutter plus longtemps avant l'exposition. Une autre cause de jaspures est dans la négligence mise à ne pas attendre que le collodion se soit complétement débarrassé de ses nervures graisseuses dans le bain sensibilisateur. Plus tard, le protosulfate de fer agit sur ces différentes rigoles et fait naître des nuances désagréables sur l'image. Il faut environ deux minutes pour la durée du bain sensibilisateur,

et à peu près le même laps de temps pour l'é-
gouttement convenable.

Les marbrures fines, et dans une direction
donnée, proviennent d'une décomposition du
collodion par excès d'ioduration, dans le plus
grand nombre de cas. La poussière tombée ac-
cidentellement déjà sur la glace, ou entraînée
du goulot d'un flacon par le liquide versé de ce
vase, produit des défectuosités analogues.

Des particules de corps étrangers flottant à
la surface des bains, déterminent aussi des marbrures sur l'image.

Les lignes fines et affectant les contours d'une
circonférence ou d'une ellipse, ont été formées
par les bulles d'air enfermées et aplaties sous la
pression de la glace plongée maladroitement à
plat dans le bain.

Quelquefois on remarque des espèces de
grappes formées par une agglomération de bulles
d'eau nageant sur le liquide où la glace a été
plongée.

Les lignes légèrement courbées ou presque
droites, témoignent de l'hésitation apportée en
faisant araser, par saccades, la glace collodion-

née dans un bain de nitrate d'argent ou de protosulfate de fer.

De légères excorations, parallèlement tracées en lignes directes, ont pour origine un effleurement des bords, ou du fond de la cuvette.

Les points noirs, semés sur l'image, sont des grains de poussière.

Des parties nuageuses au milieu de teintes noires prouvent que la glace n'a pas été complétement nettoyée. Quand ce voile est granuleux, le collodion s'est décomposé ; l'iodure de potassium en excès amène ce fâcheux résultat.

L'empreinte des doigts sur la glace, la salive ou toute autre substance saline, se traduisent par des efflorescences bizarres.

D'autres accidents consécutifs après le vernissage de l'épreuve, ont leur source dans le défaut de lavage, dont on ne saurait trop prolonger la durée, en y apportant assez de soin pour ne pas ramollir la couche collodionnée, et ne faire disparaître que les matières inutiles et dangereuses.

Acide azotique ou *nitrique.*—On reconnaît sa pureté par une opération facile. Il suffit de l'étendre de dix parties d'eau et de voir si l'azotate d'argent ou l'azotate de baryte n'y produisent pas de précipité.

Acide gallique. — Plus soluble dans l'alcool que dans l'eau, même fortement chauffée. Il faut l'employer pur pour le développement de l'image photographique, sur laquelle il agit en réduisant les sels d'argent.

Albumine. — Extrait des blancs d'œufs. Soluble dans l'eau à la température ordinaire, mais se coagulant à celle de 65 degrés et devenant alors complétement solide et insoluble. L'alcool et quelques acides rendent également l'albumine insoluble.

Alcool. — Il faut l'employer rectifié, après en avoir constaté la valeur au moyen de l'alcoomètre de Gay-Lussac et avoir reconnu qu'il est au degré déterminé pour l'opération spéciale dont on s'occupe. On le purifie par la distillation sur la chaux vive. Il doit être sans odeur étrangère.

Amidon. — Produit amilacé de céréales. Il sert à encoller les papiers et à rendre leur texture plus égale et plus fine.

Ammoniaque liquide. — Il dissout le chlorure d'argent blanc. Un bain ammoniacal, très-étendu d'eau, sert à neutraliser l'acide en excès dans les épreuves ayant séjourné dans des bains acides.

Apparition de l'image. — Le ton gris de l'épreuve au sortir du bain de protosulfate de fer provient, le plus ordinairement, d'une trop longue exposition à la chambre noire. Trop de lumière dans le laboratoire peut amener le même résultat. Une fissure dans la chambre noire a pu causer un pareil accident.

Azotate ou *nitrate d'argent.* — Ce sel, formé d'oxyde d'argent et d'acide azotique, est soluble dans l'eau. Il est cristallisé ou fondu. Il est bon à employer quand sa solution est incolore et ne rougit pas le papier de tournesol. On ne se sert pas de l'azotate d'argent contenant des azotates de soude et de potasse ; l'azotate d'argent du photographe doit être pur et neutre.

Azotate de potasse. — Connu sous le nom de nitre ou salpêtre. Il sert à la confection du coton-poudre avec l'acide sulfurique.

Bains. — Il faut avoir un soin extrême d'empêcher tous corps étrangers de salir leur surface et de s'y tenir en suspension, comme la poussière, des parcelles de coton, de papier, etc. Ce sont autant d'obstacles à la parfaite imbibition de la feuille et au contact complet de la préparation photographique avec le liquide sensibilisateur. Il est prudent de passer au-dessus du bain, avant de s'en servir, le bord inférieur d'une bande de papier de soie, afin d'enlever, comme avec un râteau, les particules hétérogènes et flottantes.

Benzine. — Liquide incolore, se volatilisant sans laisser de résidu. Il dissout les corps gras et sert utilement au nettoyage des plaques.

Bichlorure de mercure (sublimé corrosif). — Poison très-actif. Ce sel est un composé de sulfate de bioxyde de mercure et de sel marin. Dissous dans l'eau, il rend plus blanches les épreuves positives directes sur verre.

Bitume de Judée. — Celui de Damas et de la mer Morte est préférable aux autres. Il est soluble dans l'éther. Ce corps résineux, dissous dans l'éther, puis étendu en couche, devient, sous l'action de la lumière, insoluble par les agents chimiques propres à le dissoudre avant l'intervention lumineuse.

Brome. — Poison dont il faut éviter les émanations. Il est accélérateur, et se combine avec la chaux, l'argent, le potassium, l'iode et le chlore. Les bromures rendent le collodion plus également impressionnable sous tous les rayons colorés.

Chambre noire. — Il faut la visiter souvent pour s'assurer si les verres, ainsi que l'intérieur, sont propres, si aucune jointure des parois ne donne accès à la lumière. Il est prudent d'examiner si elle est assez solidement fixée pour que l'introduction du châssis, l'ouverture du volet ou de l'objectif ne causent pas à l'ensemble un ébranlement, dont la conséquence serait de communiquer à l'épreuve du vague dans les formes, comme si le modèle eût bougé lui-même.

La chambre noire doit être recouverte d'un vaste voile noir, sous lequel l'opérateur soit comme dans son laboratoire, à l'abri de tous les inconvénients d'un jour inopportun.

Chlorure d'argent. — Il se produit par le contact d'un chlorure et d'un sel d'argent solubles ; il noircit à la lumière ; il est insoluble dans l'eau et dans les acides. L'hyposulfite de soude, l'ammoniaque et les cyanures alcalins le dissolvent.

Chlorure d'or. — Soluble dans l'eau, l'alcool et l'éther. Ce sel doit se conserver dans des flacons noirs et fermés à l'émeri Il concourt puissamment à fixer l'image sur la plaque métallique et à rendre plus belle l'épreuve sur papier, qu'il consolide.

Chlorure de sodium (sel commun). — Epuré, il sert à la préparation des papiers négatifs et positifs. On l'emploie, en outre, à précipiter l'azotate d'argent resté dans de vieux bains. Il forme alors un chlorure d'argent insoluble, dont l'on retire aisément l'argent à l'état métallique.

Chlorydrate d'ammoniaque. — Il est soluble dans l'eau et dans l'alcool. Beaucoup de photographes le substituent au chlorure de sodium, pour préparer des papiers positifs, par la raison que le chlorydrate d'ammoniaque n'attire pas l'humidité de l'air comme le chlorure de sodium.

Cliché. — Vigoureux, il donne de bonnes épreuves au soleil; il faudrait préférer la lumière diffuse pour un cliché faible, dont les parties claires sont aussi moins vite atteintes, tout en laissant aux noirs le temps de devenir plus intenses.

Collodion. — La bonne confection du coton-poudre est la base du bon collodion. On en constate les qualités après l'avoir étendu sur une glace parfaitement nettoyée. Sa dessication doit être prompte et présenter une transparence et une couche égales dans toute la surface, sans teinte opaline. Trop de matité indique une épaisseur nuisible, défaut signalé aussi par des stries rapprochées. Son adhérence à la glace doit être forte, pour qu'un léger attouchement ne puisse l'en détacher. Les conditions de sensibilité et de rapidité s'apprécient par le résultat définitif.

Plus il entre d'éther dans la composition du collodion, plus il devient difficile de l'étendre uniformément. Quand la feuille ainsi obtenue a réussi, elle est ferme et fournit une épreuve fort belle comme oppositions et richesse de détails.

Si l'alcool donne au collodion le temps de parcourir la glace sans ressaut, il y tient moins et se lacère au moindre choc d'un corps étranger et même sous un grain de poussière, entraîné par un lavage exécuté brusquement et avec une eau non purgée de toutes molécules, plus ou moins résistantes. L'alcool nuit à la finesse de l'image.

Le dosage proportionnel de ces deux liquides se modifie en raison de la température. On prend la moyenne pour unité de comparaison. Il faut plus d'éther pendant l'été, où la chaleur active davantage l'évaporation.

Le fendillage observé sur certaines couches collodionnées provient de l'eau contenue souvent dans la liqueur mise en œuvre. Le moyen de remédier à ce grave inconvénient consiste à rendre le collodion parfaitement anhydre et à le renforcer, en augmentant la quantité de pyroxile. Il est encore possible de débarrasser le collodion de l'eau qu'il contient en y jetant 1 pour 100 de son poids de fluorure de potassium, qui précipite au fond du vase l'eau nuisible en ajoutant à sa pesanteur. Ce mode n'est utilisable que lorsque la composition du collodion le permet. L'eau atténue singulièrement la sensibilité du collodion.

Le collodion perd de son énergie en vieillissant, et surtout dans un flacon en vidange. La présence de l'air le rend acide. La portion supérieure du vase est préférable à celle du fond, toujours altérée par les matières hétérogènes qui s'y déposent.

On corrige aisément la densité du collodion. L'évaporation le rend plus épais ; on augmente sa limpidité par une addition relative d'alcool et d'éther.

L'excès du collodion versé sur la glace se vide dans un autre flacon que celui dont cette liqueur est sortie. L'agitation produite par cette réintégration troublerait le liquide demeuré jusque-là sans oscillations, et ne permettrait plus de s'en servir immédiatement après.

Costume. — Son choix est très-important; il doit s'harmoniser avec les traits du modèle et les faire valoir. Il faut éviter principalement la multiplicité des plis, sur lesquels le jour vient scintiller. Ce papillotage nuit essentiellement à l'économie artistique. Les ajustements ne sont que des accessoires à sacrifier au profit de la tête.

Il ne faut pas oublier que les étoffes rouges, jaunes ou vertes viennent en noir à l'épreuve, et que les bleues et les roses blanchissent.

Coton-poudre. — Sa manipulation exige une attention soutenue. Le coton doit être d'une grande blancheur et purgé de toute matière hétérogène. Le *coton-poudre* réussit mieux quand il est fait par petites quantités. Il faut se garantir des émanations de l'acide sulfurique et de l'azotate de potasse, avec lesquels on le prépare. Il ne doit rester, dans le coton-poudre, ni acide, ni sulfure de potasse.

Cuvettes.—Les cuvettes en gutta-percha sont excellentes pour les bains de nitrate d'argent; celles de porcelaine et de verre sont d'un usage très-répandu. Nous aimons moins celles de tôles vernies. Les premières ont cet avantage de ne point se casser. Il faut entretenir ces ustensiles dans un grand état de propreté.

Cyanure de potassium. — Poison des plus dangereux. Pour être plus certain de l'avoir pur, il faut le prendre cristallisé. Il dissout très-vite les sels d'argent insolubles dans l'eau, iodure, bromure, chlorure, cyanure, etc. Le cyanure de potassium fixe les épreuves négatives sur collodion ; il blanchit l'image et sert à changer les positifs en négatifs. Il est très-imprudent de laver les taches d'azotate d'argent sur la peau, avec une dissolution de cyanure de potassium. Une goutte tombant sur une légère égratignure, pourrait causer de graves accidents à l'opérateur.

Eau. — Celle qui provient de la pluie, recueillie dans de larges vases parfaitement proprès, est la moins chargée de matières hétérogènes, quand auparavant on a laissé tomber les premières ondées. La meilleure de toutes est celle que l'on a pris soin de distiller, soit dans un alambic spécial, soit dans une simple cornue de verre, surtout quand il s'agit de bains contenant des sels d'argent. Dans tous les cas, on doit la filtrer avant d'en faire usage.

Éther sulfurique. — Il ne faut pas employer l'éther dans un endroit où il y a du feu, une explosion serait à craindre. C'est l'éther qui, en se volatilisant, couvre d'une buée assez épaisse, par le froid qu'il produit, l'envers des glaces que l'on collodionne. Il faut ne se servir que d'éther rectifié, et au degré voulu pour l'usage auquel on le destine.

Flacons. — La meilleure manière de les nettoyer consiste à les laver avec de l'acide nitrique étendu d'eau dont on fait disparaître ensuite les moindres traces par plusieurs lavages successifs d'eau simple; on y passe, en second lieu, de l'alcool, et l'on termine en les rinçant avec de l'éther, dont la vaporisation ne laisse rien après elle. Il est inutile d'insister pour que les verres soient aussi propres en dehors qu'en dedans; on ne pourrait pas, sans cette condition expresse, apprécier complétement l'état du liquide dont ils seraient remplis.

Les flacons bouchés à l'émeri sont indispensables pour la conservation des propriétés de toute substance volatile. Les bouchons de verre sont sans action sur des matières qu'un bouchon de liége pourrait altérer, tout en protégeant moins le liquide contre l'évaporation d'une part, et de l'autre, contre l'introduction de l'air extérieur dans le vase.

Chaque fois que l'on va se servir de la liqueur contenue dans un flacon, il faut en nettoyer soigneusement le goulot, sur lequel pourrait se trouver de la poussière ou une cristallisation du sel en dissolution, soit de protosulfate de fer, soit d'hyposulfite de soude, ou bien, s'il s'agit de collodion, quelques particules desséchées, dont l'arrivée sur la glace a toujours une conséquence désastreuse.

Les flacons les plus oblongs conviennent mieux pour recueillir le collodion, dont la décantation est plus facile avec cette forme, concentrant davantage au fond, les matières souvent en suspension et constamment nuisibles.

Les flacons destinés à servir de réservoirs aux bains de nitrate d'argent doivent être noirs, ou recouverts d'un papier de cette teinte, afin d'en soustraire le liquide à l'action de la lumière ; on doit prendre les mêmes précautions pour les flacons que nous avons côtés 1, 2 et 3, mais de façon à pouvoir, au besoin, les débarrasser de leur enveloppe, s'il devient urgent de constater la limpidité ou l'état quelconque de la liqueur qu'ils renferment.

Fluorure de potassium. — Il maintient le collodion sans coloration et précipite l'eau qu'il contient ; mais le collodion perd alors une partie de sa finesse et de sa sensibilité.

Gélatine. — Colle animale employée à la préparation des papiers négatifs et positifs. Elle donne une plus grande finesse à l'épreuve.

Glaces. — Leur netteté extrême est une condition abolue de réussite. On y parvient en assez peu de temps. On les frotte avec un tampon de coton très-pur et imbibé d'alcool, tenant en suspension un peu de tripoli de Venise, vingt-quatre heures après les avoir laissées dans un bain d'eau contenant un vingtième d'acide nitrique.

Une glace est débarrassée de toute impureté quand la vapeur de l'haleine la couvre d'une teinte mate et parfaitement égale sur toute la superficie ; la moindre tache apparaît immédiatement sous cette passagère empreinte du souffle respiratoire. On met au rebut les glaces contenant des bulles ou des raies. Les glaces minces sont préférables.

Gutta-percha. — Substance qui résiste, à froid, à l'action des acides et d'un grand nombre d'agents chimiques. Les instruments faits avec la gutta-percha tiennent avantageusement lieu de ceux en verre, si fragiles et si difficiles à transporter.

Hyposulfite de soude. — Il dissout les sels d'argent insolubles dans l'eau, les iodure, bromure, chlorure, cyanure ; il agit peu et lentement sur les sels qui ont été soumis à l'action de la lumière. L'hyposulfite sert au fixage des épreuves quand l'image est développée. Il faut se laver les mains avec le plus grand soin après avoir touché de l'hyposulfite de soude, car il laisse des taches ineffaçables sur les épreuves. Si, après le lavage, il restait de l'hyposulfite sur le cliché, non seulement il s'altérerait, mais l'épreuve positive serait elle-même tachée par la décomposition des sels d'argent.

Iode. — Métalloïde que l'on emploie soit libre, soit en dissolution avec d'autres substances : le potassium, l'ammonium de fer, etc. Il est plus soluble dans l'alcool et l'éther que dans l'eau.

Ioduration. — Trop d'iodure dans le collodion rend l'image granuleuse, moins transparente et moins fine. Un excès d'iodure, dans le but d'obtenir plus de rapidité, est plus nuisible que favorable. Il est une proportion dont on ne doit pas dépasser les limites.

Quand l'instantanéité est indispensable, il vaut mieux introduire l'iodure de fer dans la composition du collodion.

Les iodures n'ont pas une égale puissance de sensibilisation. On pourrait les classer ainsi, selon leur degré de rapidité : l'iodure de cadmium serait le premier, viendraient ensuite, par ordre décroissant, iodures d'ammonium, de zinc et de potassium. L'iodure de fer est complémentaire dans beaucoup de cas. Un iodure ne doit pas se décomposer dans le collodion : il gâterait toutes les épreuves.

Iodure de potassium. — Sel blanc cristallisé

en cubes, bien plus soluble dans l'eau que dans l'alcool. L'iodure de potassium forme, avec l'azotate d'argent, un iodure d'argent insoluble, et qui rend impressionnable la couche collodionnée.

Mercure. — Métal liquide se congelant à — 40 degrés ; il entre en ébullition à 360 degrés. De 50 à 70 degrés, ses vapeurs font apparaître l'image sur la plaque daguerrienne, dans l'intervalle de deux à trois minutes. Il faut l'employer **pur**. Il est à cet état quand un globule, chauffé dans une capsule de porcelaine, n'aura donné aucun résidu après la vaporisation complète.

Papier. — Il doit être fin, d'un grain égal, sans taches, d'une contexture solide, pour ne pas se déchirer par l'action répétée des lavages et des bains, et ne contenir dans sa pâte aucun acide. On le choisit mince pour les négatifs, et fort pour les positifs.

Paysage. — Il faut étudier un site avant d'en prendre la vue. On doit préférer l'aspect qui fournit les lignes les plus pittoresques et les accidents de terrains les plus favorables pour donner de la profondeur au tableau. Il est, dans la journée, une heure où les masses se composent mieux par l'effet de la lumière ; c'est le moment à choisir.

Plans perspectifs — La lumière doit tomber de préférence sur l'objet principal et laisser plus de vague sur les détails, en raison de leur éloignement successif. Rien de plus disgracieux que la confusion résultant de l'inobservation de cette règle. Le relief de la figure est d'autant plus saillant que l'air semble circuler davantage alentour.

Portraits. — Le photographe doit d'abord se rendre compte du meilleur parti à tirer du modèle, en l'éclairant de manière à mettre en évidence les parties les plus belles, et à déguiser les moins avantageuses. La pleine lumière dissimule les rides, si elle frappe peu obliquement le visage ; elle les fait ressortir quand elle tombe de trop haut. Le choix de la pose concourt à donner de la grâce. Il faut surtout éviter la raideur. Les appuis dont on se sert pour immobiliser le modèle contribuent singulièrement à ce défaut. L'objectif n'est plus alors en face du naturel, mais d'un patient dont la contrainte enlaidit le visage et donne un aspect automatique à toute sa personne.

Pyrogallique (acide). — Il est très-soluble dans l'eau. C'est un réducteur énergique; il est moins rapide que le sulfate de protoxyde de fer, et permet, par cela même, de surveiller la venue de l'image.

Résidus d'argent. — Si, dans les liqueurs contenant de l'argent, il ne se trouve pas d'hyposulfite de soude ni de cyanure de potassium, on précipite l'argent par une dissolution de sel marin, et l'on obtient un argent métallique en traitant le précipité, qui est un chlorure d'argent, par le procédé suivant :

Mettez un dixième d'acide sulfurique dans un volume d'eau double de celui du chlorure. Plongez dans ce liquide un morceau de zinc épais. Après vingt-quatre heures, le chlorure d'argent est réduit ; il s'est formé du chlorure et du sulfate de zinc. L'argent métallique pur apparaît en poudre noirâtre.

Quand les liqueurs contiennent de l'argent avec de l'hyposulfite de soude ou du cyanure de potassium, on précipite l'argent en versant un sulfure de potassium sur la mixtion. On lave avec soin le sulfure d'argent produit, puis on le met dans un ballon avec de l'eau régale, que l'on chauffe jusqu'à ce que l'on obtienne un chlorure d'argent blanc.

Résidus d'or. — Si la liqueur qui ne contient pas d'hyposulfite de soude ni de cyanure est acide par l'eau régale, on y mêle un léger excès de potasse ou de craie avec une petite quantité d'acide chlorhydrique.

Une dissolution de sulfate de protoxyde de fer, jointe aux précédentes, produit un précipité noir bleu ou jaune, que l'on recueille sur un filtre. C'est l'or réduit à l'état pur.

Si les liqueurs contiennent de l'hyposulfite de soude, on les traite avec une dissolution de sulfate de protoxide de fer. Ce liquide doit rester exposé à l'air quelque temps. L'on agit sur le précipité avec l'eau régale ; on évapore à sec avec une chaleur modérée. Quand le résidu est dissous dans l'eau, le sulfate de protoxyde de fer achève l'opération.

Résidus de papiers. — Ils se retirent par la combustion dans un creuset de terre chauffé au rouge très-vif.

Résines. — On les emploie à composer des vernis ; elles sont presque toutes solubles dans l'alcool, l'éther et les huiles essentielles. Les résines ne sont pas solubles dans l'eau.

Sensibilisation. — Lorsque la couche collodionnée ne prend pas dans le bain sensibilisateur une teinte blanchâtre assez prononcée, on en trouve la raison, soit dans un manque d'iodure, soit dans une trop grande ténuité du collodion, ou bien encore dans la lenteur apportée entre le collodionnement et l'immersion de la plaque dans le bain de nitrate d'argent, ce qui, en donnant trop de fermeté à la couche, l'a rendue moins imprégnable. Pour remédier à ces inconvénients très-graves, on sensibilise davantage le collodion dans le premier cas ; dans le second, on le renforce par une augmentation de coton-poudre, et dans la dernière hypothèse, il suffit de ne pas laisser sécher le collodion, et de le mettre, encore humide, en contact avec le bain sensibilisateur.

Sucre de lait. — Produit de la concentration du petit lait ou serum du lait, par évaporation.

Sulfurique (acide). — D'une grande énergie et dont il faut redouter les atteintes. A 66 degrés, il sert à la confection du coton-poudre.

Vernis. — Une dissolution de gomme arabique dans de l'eau distillée suffit dans le cas où l'on place un fond de velours noir derrière le positif direct ; mais il vaut mieux se servir d'une composition dans laquelle il entre, en quantités déterminées pour le résultat que le photographe veut obtenir, du copal, de l'essence de térébenthine, du bitume de Judée, du noir, si l'on veut rendre l'épreuve plus solide en la préservant ainsi du contact de l'air et des émanations nuisibles.

GRAVURE HÉLIOGRAPHIQUE.

Nous avons vu la photographie prendre la place du dessinateur, et, procédant à la manière des grands maîtres, donner de savantes leçons dans ses reproductions magnifiques. Cependant, elle n'a pas dit son dernier mot. On attend plus encore. Il ne suffit pas à l'insatiable activité de l'esprit humain d'avoir conquis cette position inespérée. Il faut vulgariser ces admirables images, pour répandre avec elles le sentiment du beau qui procède du vrai et faire profiter l'étude des connaissances scientifiques d'une découverte dont elles ont favorisé le rapide essor.

La question sera complétement résolue, quand la photographie pourra s'infuser, en quelque sorte, dans la gravure et s'adresser à tous, comme la lumière dont elle est issue.

Les épreuves tirées d'un négatif ne sont distribuées qu'à un certain nombre d'amateurs. La gravure seule peut répondre aux besoins de la multitude. Mais comment opérer cette transfusion? Voici les étapes successives parcourues jusqu'à ce jour. Nous allons rencontrer encore, sur la route, un homme dont le nom se rattache intimement à l'histoire de la photographie.

M. Niepce de Saint-Victor a pris pour point de départ les données de son oncle Nicéphore Niepce : elles ont été décrites dans le tome IX, page 155, des *Comptes rendus* de l'Académie. Du bitume de Judée, dissous dans l'essence de lavande et formant vernis, était étendu sur une plaque de cuivre ou d'étain, au moyen d'un tampon. Sur cette préparation, s'appliquait une gravure vernie et pressée sous un verre. Après une heure ou deux d'exposition à la lumière, la gravure était retirée, et la plaque, reportée à l'obscurité, se recouvrait d'un dissolvant dont l'huile de pétrole et l'essence de lavande étaient la base. De cette façon, l'image se manifestait, après l'enlèvement du vernis, dans toutes les parties préservées de l'action de la lumière, tandis que les masses impressionnées par les rayons lumineux devenaient insolubles. Le métal apparaissait ainsi proportionnellement dénudé, selon la valeur relative des noirs et des demi-teintes. De l'eau versée abondamment sur la plaque entraînait le dissolvant et les matières dissoutes. Après la dessication, on obtenait une épreuve assez peu fournie.

M. Niepce de Saint-Victor s'adjoignit un graveur, M. Lemaître. Cette collaboration amena cette variante :

L'acier fut choisi pour être mis en œuvre. Après l'avoir dégraissé avec du blanc de craie, on versait sur la surface polie vingt parties d'eau contenant une partie d'acide chlorhydrique, afin de donner plus d'adhérence au vernis. Le lavage et la dessication venaient ensuite. On étendait sur la plaque le bitume de Judée dissous dans l'essence de lavande ; on séchait à une chaleur modérée et l'on tenait le vernis dans un lieu sans lumière et sans humidité.

Le dessin héliographique va d'abord se produire. On applique sur le vernis recouvrant la plaque le recto d'une épreuve photographique directe sur verre albuminé ou sur papier ciré. L'exposition à la lumière est à peu près de quinze minutes au soleil et d'une heure à la lumière diffuse.

Il faut éviter surtout que l'image ne devienne visible avant l'opération du dissolvant, qui se compose de trois parties d'huile de naphte rectifiée et d'une partie de benzine ; on modifie ces proportions en raison de l'épaisseur du vernis et de la durée probable de l'exposition. Plus il y a de benzine, plus l'action dissolvante est vive sur les parties du vernis non atteintes par la lumière. L'éther agit en sens inverse.

Quand on juge convenable d'arrêter le travail dissolvant, on jette de l'eau sur la plaque, et l'on en fait sécher la surface.

Le graveur va maintenant intervenir. Il a sous la main un flacon renfermant un mordant dont voici les éléments :

Acide nitrique à 36°, en volume.   1 partie.

Eau distillée. . . . . 8 parties.

Alcool à 36°. . . . . 2 —

L'alcool joue ici un rôle accélérateur ; sans lui, l'action du mordant n'aurait lieu, les autres proportions restant les mêmes, qu'après deux minutes de contact. Peu de temps suffit pour la morsure. Au point déterminé, l'on rejette le dissolvant ; on lave et on sèche le vernis et la gravure. Une grande habileté est indispensable, afin d'arriver à la vigueur de l'effet désiré, sans porter atteinte aux détails à réserver sur la couche héliographique.

M. Lemaître emploie une poudre très-fine de résine, placée au fond d'une boîte appropriée à cet usage ; en manœuvrant un soufflet, il soulève un nuage de poussière qui retombe sur la plaque, comme pour une *aqua tinta*. Il chauffe la plaque de façon à laisser la résine, en résilles, consolider le vernis et lui faire supporter plus longtemps l'action corrosive d'un mordant dans lequel l'alcool n'entre plus, et qui se compose uniquement d'acide nitrique étendu d'eau. L'expérience vient vite en aide à l'artiste, juge du degré de morsure nécessaire, pour que les grains fins des noirs retiennent, en quantité suffisante, l'encre d'impression et fournissent le plus grand nombre possible d'estampes. Après l'enlèvement du vernis et de la résine, le tirage s'opère au moyen de corps gras activés par la chaleur.

Le 30 octobre 1853, M. Niepce de Saint-Victor présenta à l'Académie des sciences un nouveau vernis pour la gravure héliographique sur acier. Ce vernis a la fluidité de l'albumine ; il s'étend comme le collodion et se dessèche aussi promptement. Dix minutes après le vernissage, on peut l'utiliser.

Ce vernis contient :

Benzine. .   .   .   .   .   100 grammes.
Bitume de Judée pur. .   5   —
Cire jaune.   1   —

On fait dissoudre ces trois substances et l'on en passe le résidu dans un linge dont on pressure le tissu ; on laisse reposer et l'on décante. Le trop d'épaisseur de cette composition se corrige par une addition de benzine.

En ce même temps, M. Niepce de Saint-Victor annonçait la modification suivante du dissolvant :

Huile de naphte. 5 parties.
Benzine. .   .   .   . 1 partie.

Il rendait alors son vernis plus sensible à la lumière, en versant sur la plaque de l'éther sulfurique anhydre et contenant quelques gouttes d'essence de lavande rectifiée.

La plaque entrait dans la chambre noire, et, l'impresssion héliographique achevée, on faisait mordre d'après les procédés indiqués plus haut.

A cette occasion, M. Niepce de Saint-Victor énonce un fait curieux. Le vernis héliographique, dans un flacon plein, bien bouché et mis à l'abri de la lumière pendant quinze jours, n'éprouve aucun changement, tandis que le même vernis, ne remplissant le vase qu'en partie et exposé à la lumière diffuse, acquerra une rapidité deux ou trois fois plus grande.

Dans ces conditions, M. Niepce crut devoir supprimer la cire en y substituant un dixième d'essence, pour communiquer au vernis plus de sensibilité, de liant et de viscosité.

L'essence préférée par M. Niepce est celle de zeste de citron, pure, extraite par la pression. Le vernis dont elle fait partie est plus homogène, plus siccatif et plus sensible à la lumière que le vernis préparé avec l'essence d'aspic.

Voici la composition proposée par M. Niepce :

Benzine. . . . . 90 grammes.

Essence de zeste de citron

    pure. . . . . 10 —

Bitume de Judée. . . . 2 —

La couche de cette liqueur est mince et s'impressionne plus vite à la lumière ; seulement ce mode de vernissage n'offre pas toujours assez de résistance à la morsure ; mais on peut consolider la couche de vernis, après l'action des rayons solaires et celle du dissolvant, avec la fumigation suivante :

Dans une boîte hermétiquement close et pouvant contenir une plaque d'acier de la plus grande dimension, sont deux liteaux fixés sur les deux parois parallèles, laissant glisser, sur eux, deux barres mobiles à angle droit, et qu'on écarte ou rapproche selon la grandeur de la planche d'acier. Le fond de cette boîte est élevé au-dessus du sol. Dans l'ouverture faite à la feuille de zinc, dont ce fond est garni, s'introduit une capsule de porcelaine contenant de l'essence d'aspic pure non distillée ou rectifiée. On la chauffe de 70 à 80 degrés avec une lampe à alcool placée directement au-dessous. Au-delà de cette chaleur, on volatiliserait une trop grande quantité d'huile essentielle, ce qui ferait dissoudre le vernis et ne lui laisserait pas la teinte brillante et bronzée existant avant l'exposition à la lumière.

Il est prudent de ne pas prolonger cette fumigation au-delà de deux ou trois minutes. S'il y a lieu, on chauffe de nouveau et l'on recommence une seconde fumigation, mais pas plus. Enfin on sèche la plaque à l'air avant de la faire mordre à l'eau forte.

On pourrait employer l'essence de bergamotte en fumigation si l'image, obtenue dans la chambre noire, était voilée et non entièrement découverte. L'essence de bergamotte est moins active que celle d'aspic. Dans tous les cas, il est sage de s'abstenir de faire mordre une planche quand le dessin héliographique ne s'y trouve pas convenablement tracé ; mieux vaut recommencer avant d'aller plus loin. On aura soin d'éviter les grains de poussière et les bulles d'air ; il en résulterait de petits trous après dessiccation.

La durée de l'exposition est courte, si l'on procède par le contact d'une épreuve photographique sur verre ou sur papier. Le laps de temps est beaucoup plus long dans la chambre noire ; on l'abrège en ne se servant que de bon bitume de Judée, convenablement soumis à l'action de la lumière.

Plus tard, M. Niepce chercha les moyens de se passer des fumigations, et voici comment il recomposa son vernis pour le rendre imperméable à l'acide. Il fit dissoudre un gramme de caoutchouc dans l'essence de térébenthine, pour le réduire à l'état de pâte onctueuse et l'ajouter à l'ancien vernis ; mais cette composition supporte difficilement la chaleur à laquelle on doit soumettre la plaque d'acier pour l'application des grains d'*aqua-tinta*.

Ce dernier vernis est employé fort utilement par M. Niepce pour son procédé de gravure héliographique sur verre ; l'opération se conduit comme sur la plaque métallique, puis on expose le verre à la vapeur de l'acide fluorhydrique pour graver en mat.

Si l'on voulait graver en creux, on couvrirait le verre de cet acide hydraté. On obtiendrait ainsi une gravure photographique sur verre ; et, dans le cas où la feuille ne serait colorée que d'un côté, l'on aurait des dessins blancs sur un fond en couleur.

M. Niepce ne s'en tint pas à ces essais. Il nous reste à rendre compte des dernières combinaisons, dont il a publié les résultats, et que M. Riffaut a mis en pratique avec succès.

La plaque d'acier a été décapée avec soin ; elle a été vernie avec la liqueur provenant du bitume de Judée, de la benzine et de l'essence de zeste de citron.

L'exposition a eu lieu dans des circonstances favorables. Le dissolvant a fait son œuvre. Le tout a été parfaitement lavé et séché.

Ici commence l'amélioration apportée par M. Niepce dans le système de morsure : plus de fumigations ; elles sont remplacées par de l'eau iodée versée et maintenue sur la plaque, qui subit ensuite l'action de l'eau acidulée avec l'acide nitrique.

Cette morsure se renouvelle jusqu'à cinq fois, s'il en est besoin. A chaque reprise, on recouvre adroitement, avec un pinceau imbibé de vernis, les détails arrivés au point convenable. Avec un autre pinceau imprégné d'acide, on touche les régions restreintes dont on veut augmenter progressivement la valeur par des creux plus profondément fouillés. L'acide pris au bout du pinceau peut atteindre, sans inconvénient, jusqu'à 12 degrés. Une heure et demie est le temps à peu près indispensable pour cinq morsures successives ; d'après ce nouveau mode, l'opération s'achève par le nettoyage complet de la planche ; le tirage se fait par la méthode ordinaire.

Ajoutons que M. Niepce veut aller plus loin. Sa persévérance dans ses recherches ne nous laisse aucun doute à cet égard.

Le système de gravure sur acier de M. Talbot est très-simple. Voici en quoi il consiste :

On décape une plaque d'acier avec un mélange de vinaigre et d'acide sulfurique. Quand cette plaque est parfaitement sèche, elle est posée sur un pied à caler ; elle est recouverte ensuite d'une solution de gélatine et de bichromate de potasse, que l'on amène progressivement à l'état de dessication, en chauffant avec une lampe à esprit de vin. Arrivée à ce point, la couche de gélatine bichromatée a pris une belle teinte jaune. Jusque-là tout s'est passé dans l'obscurité.

On place l'épreuve à reproduire sur la surface

préparée, pour la mettre au soleil pendant près de deux minutes. Les rayons lumineux font brunir les parties sur lesquelles ils agissent; la teinte jaune demeure dans les endroits que la lumière n'a pas atteints. On plonge alors la plaque dans l'eau froide pour faire sortir l'image apparaissant déjà d'un ton brunâtre détaché sur le jaune du fond. Quand l'aspect a la blancheur voulue, on retire la plaque du bain d'eau froide; on la met pendant quelques minutes dans un bain d'alcool. Dès qu'elle en est retirée, on la fait sécher. L'image doit être très-blanche et très-nette. L'acier a été mis à nu dans les portions où la lumière n'a pas pu parvenir. Il est resté protégé par la gélatine contre la morsure d'une solution étendue de bichlorure de platine, dont on le recouvre ensuite, et qui doit servir à creuser l'acier découvert, en ménageant le surplus gélatineux.

La solution de bichlorure de platine doit agir pendant deux ou trois minutes. Les blancs de l'image deviennent noirs; on rejette enfin le réactif; on essuie la planche après l'avoir lavée à l'eau salée.

M. Talbot a pu reproduire ainsi des gravures.

La plus grande difficulté à vaincre, c'est de rendre les finesses des dessins d'après nature.

M. Baldus couvre d'une couche de bitume de Judée une planche de cuivre. Sur cette couche sensible, il place une épreuve photographique sur papier de l'objet dont il veut avoir la gravure. Cette épreuve étant positive, fournit un négatif à l'exposition, dont la durée est d'un quart d'heure, à peu près, au soleil. A ce terme, l'image est dans la feuille de résine, mais à l'état latent. Pour la faire sortir, on lave avec un dissolvant propre à enlever les parties non impressionnées par la lumière. Le négatif se montre alors, mais d'une manière trop faible. On le solidifie en le tenant sous l'action de la lumière diffuse pendant deux jours ; alors la plaque est plongée dans un bain galvanoplastique de sulfate de cuivre. Si elle est attachée au pôle négatif de la pile, une couche de cuivre en saillie vient se déposer sur les portions métalliques, d'où l'enduit résineux a disparu par l'effet du dissolvant. Si, au contraire, la plaque est mise au pôle positif, au lieu d'agir par superposition, on enlève le métal à nu. Le creux se fait à la place du relief. Dans le premier cas, on obtient une gravure en creux, ou bien, dans le second, un cliché typographique.

Il s'est agi, jusque-là, de multiplier une gravure ordinaire. Tout est simple dans les manipulations précédentes. S'il faut reproduire directement un corps quelconque pris dans la nature, on vient se heurter à la difficulté de remplacer les hachures du burin par un grain indispensable pour éviter l'empâtement des ombres. Dans des expériences antérieures, MM. Deveria, Riffaut et Rousseau se sont servis d'un outil à pointe, après le travail de la lumière et d'un mordant. M. Baldus fait tout ensemble, en additionnant aux subtances impressionnables un composé formant, dans le papier, de petits grains cristallisés et transparents. M. Baldus n'a pas publié encore son secret. M. Figuier, en rendant compte de cette préparation, dit : « Les épreuves sur papier, obtenues avec ces nouvelles planches d'origine photographique sont tellement parfaites, que l'on peut regarder comme définitivement résolu le grand problème de la gravure par l'agent lumineux. Non seulement ce nouveau procédé va réduire de beaucoup le prix des produits de la gravure, mais il n'est pas d'artiste, il n'est pas d'amateur de photographie qui ne puisse bientôt se donner le plaisir de reproduire en gravure, dans un coin de son atelier, toutes les épreuves photographiques sorties de ses mains. Ces résultats sont si remarquables, leur influence sur l'avenir des beaux-arts est si visible et si directe, que toute réflexion à cet égard paraît superflue. »

Attendons !

L'on n'a pu, jusqu'à ce moment, supprimer qu'un intermédiaire, le dessinateur. Pour le cuivre ou tout autre métal, M. Martin a proposé d'enduire les deux faces de la plaque du vernis dont on se sert pour la gravure à l'eau-forte. On recouvre l'endroit métallique de collodion ioduré, que l'on place sur le bain d'azotate d'argent ; le reste de l'opération se conduit par les procédés connus. Quand l'épreuve est débarrassée, par le bain d'argento-cyanure, de son iodure non modifié par la lumière, on lave la plaque à grande eau, puis on la plonge dans une solution de dextrine, et on fait sécher. L'image alors remplace le calque pour le graveur à l'eau-forte, qui doit se réserver une épreuve sur une autre surface, pour servir de modèle à mesure que le travail manuel enlève les traits photographiques.

Certes la gravure héliographique n'a pas encore atteint son apogée. On est seulement sur la voie ; la base est établie. Une expérimentation suivie aura bientôt amené cette grand innovation à la perfection que font présager d'heureuses tentatives. Mais n'est-ce pas déjà beaucoup d'éviter au graveur le soin méticuleux et pénible de décalquer le dessin à reproduire et d'en reporter l'empreinte sur la planche métallique, lorsqu'en même temps surgit une ébauche avancée d'un travail long et onéreux?

Un jour viendra, qui n'est pas éloigné peut-être, où l'on arrivera de prime-saut à la gravure sans un dessin préliminaire, où l'objet se dessinera et se gravera d'un seul et unique jet, où quelques minutes suffiront pour mettre un acier en état de procurer un nombre indéfini de copies d'une image quelconque, soit d'après un dessin préexistant, soit directement d'après le naturel.

Alors la photographie accomplira la plus grande révolution scientifique qu'il soit donné au siècle actuel d'enfanter. Alors la science, puissamment aidée par l'iconographie, aura devant elle un horizon sans limites ; elle deviendra abordable pour tout et pour tous. Une écriture universelle sera constituée, car l'image est une dans sa signification. C'est un mot, une phrase complète, que toute langue ne prononce pas de même, mais que tout œil lit d'une manière absolument identique dans le monde entier.

Que de jours de gagnés, soit pour la vulgarisation du fait et sa description, soit pour son étude spéciale ! Le texte descriptif le plus rigoureusement exact n'offrira jamais la clarté, la concision analytique du dessin net et précis de l'objet, dont on doit saisir et comparer les rapports.

Quelle force impulsive ! C'est l'intelligence faite vapeur, c'est la *vapeur morale* destinée à rassembler les éléments du progrès, à concentrer le temps et l'espace, à rapprocher le point de départ et le but, à rendre impérissables les conquêtes de l'esprit humain, par cette faculté de constatation et de propagation instantanées et multiples. Voilà les conséquences incalculables de la gravure héliographique.

DAMASQUINURE HÉLIOGRAPHIQUE.

Le 4 mai 1856, M. Dufresne a pris un brevet pour un procédé de damasquinure. M. Dufresne superpose plusieurs couches uniformes de métaux différents. Sur la dernière, en cuivre, on trace un dessin à la main ou héliographiquement, avec un vernis impressionnable. L'image héliographique est traitée par un acide chromique, dissolvant le cuivre à la surface, sans intéresser la couche inférieure de fer, de nickel, ou autres métaux dans des conditions semblables. Il en résulte des ornements en saillie, que l'on dore au feu par les moyens ordinaires. M. Dufresne ornemente de cette façon des armes et des objets de luxe.

A l'occasion d'une question de priorité entre M. Dufresne et M. Charles Nègre, ce dernier a communiqué à la société française de photographie la note suivante; nous la copions textuellement :

« Voici en quoi mon procédé diffère du procédé décrit par M. Dufresne : MM. Nicéphore, Niepce, Niepce de Saint-Victor, Talbot, Dufresne, ont laissé, jusqu'ici, une réserve héliographique sur les parties du dessin correspondant aux lumières, et ils ont traité cette réserve, ainsi que les parties du métal mis à nu par le dissolvant et correspondant aux ombres, par un acide quelconque, qui, en creusant les ombres, devrait respecter les lumières, et n'attaquer les teintes intermédiaires que dans le rapport de l'impression reçue à la lumière.

« C'est ce qui arriverait si les vernis photogéniques se comportaient toujours de la même façon, et s'ils opposaient aux acides une résistance suffisante et régulière. Mais les opérations successives qu'on fait subir à ces vernis les dénaturent à un tel point, qu'ils deviennent souvent complétement perméables ; les parties du métal correspondant aux lumières de l'image qu'elles recouvrent ne se trouvant plus alors suffisamment préservées, l'acide les attaque, et la planche est perdue.

« Pour remédier à cet inconvénient, qui, jusqu'ici, avait entravé la marche de la gravure héliographique, j'ai d'abord laissé la réserve héliographique sur les parties du métal correspondant aux ombres du dessin, au lieu de la laisser sur les parties correspondant aux lumières, comme on l'avait fait jusqu'alors. Je me suis servi, pour cet effet, de clichés négatifs retournés ou renversés. J'ai ensuite traité cette réserve héliographique, non pas par un acide, mais par l'électricité, pour déposer sur toutes les parties de la plaque non garanties par la réserve héliographique une couche d'un métal moins oxydable que la plaque de métal sur laquelle on opère, ou d'une couleur différente, s'il s'agit simplement d'obtenir une damasquinure. La réserve héliographique étant ensuite enlevée, c'est donc le métal déposé par la pile, c'est-à-dire la damasquinure héliographique ou électrotypique, qui joue à son tour le rôle de réserve, et qui garantit, par sa résistance régulière, de l'action de l'acide ou du courant électrique, les parties de la plaque de métal qui en sont recouvertes.

« Par ce moyen, j'ai pu utiliser la perméabilité à peu près constante des réserves héliographiques, au lieu de la redouter.

« Partout où le vernis impressionnable est traversé par le courant électrique, il se forme un dépôt métallique sous la forme de grains très-serrés, et c'est ce grain métallique dont les molécules sont plus ou moins rapprochées, selon la valeur de la teinte à laquelle correspond la place qu'elles occupent, qui donne, après la morsure, du modelé et de la transparence, même dans les plus fortes ombres ; résultat qu'aucun autre moyen de gravure héliographique n'avait donné jusqu'à ce jour.

« C'est donc en déplaçant la réserve héliographique, en cessant d'opposer directement cette réserve à l'action d'un acide et en la remplaçant, au moyen de la pile, par un dépôt métallique plus résistant, formant réserve, que j'ai pu obtenir des résultats complets et réguliers.

« Cette partie de mes procédés, la seule qu'on aurait pu confondre avec les moyens employés par M. Dufresne, en diffère donc complétement. On peut la définir une application de la galvanoplastie à la photographie et à la gravure pour obtenir des images damasquinées, des planches gravées pour l'impression des incrustations, des nielles, etc. :

« 1° En déposant directement par la pile sur une surface métallique quelconque, mais principalement en acier, recouverte partiellement d'une image héliographique formée d'une ma-

tière isolante, impressionnable à la lumière, telle
que les bitumes, la gélatine additionnée de bichromate de potasse, etc., des couches de métaux
moins oxydables que la plaque de métal sur laquelle on opère et pouvant garantir de l'action
d'un acide ou d'un courant électrique, les parties de cette plaque qu'elles recouvrent;

« 2° En faisant directement par la pile sur les
parties d'une surface métallique ou métallisée,
non recouvertes de l'image héliographique isolante, des dépôts prolongés, qui, détachés, don-
nent des planches pour l'impression.

« Ces planches peuvent aussi être obtenues
sur une image photographique ordinaire formée
par un sel d'argent ou par tout autre sel métallique quelconque impressionnable à la lumière
et dont les parties forment l'image, et ayant été
impressionnées par la lumière, présentent des
réductions métalliques suffisantes pour permettre
un dépôt galvanique.

« On a parlé de la prétendue porosité et perméabilité des couches métalliques déposées par
la pile. La meilleure réponse à cet argument
est de montrer le résultat contraire, et je sou-
mets, entre autres, à l'appréciation de la société

une épreuve où les noirs ont atteint leur maximum de vigueur sans que les blancs aient rien perdu de leur éclat. La planche d'acier qui a fourni cette épreuve se trouve placée dans le salon d'exposition de la société. »

HÉLIOPLASTIE.

Dans les essais tentés jusqu'alors pour la gravure héliographique, les acides et la main du graveur venaient continuer l'action de la lumière. M. Poitevin s'est affranchi de cette double obligation. Il obtient directement des reliefs et des creux, dont il fait des clichés typographiques ou des planches en taille-douce. Il applique également ce résultat à disposer des rouleaux pour l'impression des étoffes, à creuser des matrices pour gaufrer des cartons ou servir de moules pour la céramique.

Voici la série de manipulations indiquées par l'auteur.

Sur la surface plane d'une glace ou de tout autre corps, on étend une couche uniforme d'une dissolution de gélatine, dont l'épaisseur doit être en raison de la hauteur du relief ou de la profondeur des creux à obtenir.

Quand la couche est séchée, soit à l'air libre, soit dans une étuve, cette dessication est plongée dans uno dissolution concentrée de bichromate de potasse ou autre ne formant pas avec la gélatine une combinaison insoluble dans l'eau. On immerge pendant quelques minutes la planche dans ce liquide, puis on la passe rapidement dans l'eau et l'on fait sécher cette préparation dans l'obscurité. On peut ne pas attendre la dessication complète de la gélatine pour la plonger dans le bain de bichromate de potasse ; il faut seulement que la gélatine ait pris assez de consistance en se refroidissant. Si la couche doit être de peu d'épaisseur, il n'y a pas d'inconvénient à mêler d'abord les deux dissolutions de gélatine et de bichromate et de verser ce mélange sur la surface de la plaque. Quel que soit le mode suivi, la couche chromatée doit être sèche avant d'être exposée à la lumière sous le négatif ou le positif transparent, ou placée au foyer de la chambre noire, si l'on veut opérer d'après nature. Dans l'un ou l'autre de ces cas, la durée de l'exposition se déduira de l'épaisseur de la couche de gélatine et de l'intensité de la lumière.

Quand on juge suffisante l'action lumineuse, la plaque est plongée dans l'eau, dont s'imprègnent les parties soustraites à l'effet de la lumiere. Ces parties se gonflent ; le relief se produit d'autant plus que ce qui a été frappé par la lumière s'humecte à peine et demeure à l'état de creux ; les saillies correspondent aux noirs, les cavités aux blancs. Alors, avec du plâtre ou toute autre matière plastique, on prend sur la gélatine même, un moule qui donne la contre-épreuve de la gravure obtenue. Cette contre-épreuve peut se faire encore à l'aide d'un dépôt électro-galvanique, après avoir préalablement rendu la couche de gélatine conductrice de l'électricité par une méthode usitée.

Pour donner plus de solidité à son moule, M. Poitevin verse sur la surface gélatineuse, convenablement gonflée, une dissolution de protosulfate de fer, qu'il lave ensuite pour enlever le fer en excès. Puis il applique le plâtre gâché serré. Quand il est pris, on le détache du modèle avec précaution. L'on peut, de cette manière, couler un certain nombre de moules sur la même planche, si, après chaque moulage, on a le soin de la nettoyer avec un pinceau léger et de l'eau et d'employer le protosulfate comme pour la première opération.

Ces moules de plâtre se transforment aisément en planches métalliques par les procédés connus du clichage ou de la galvanoplastie. Il en résulte qu'avec un dessin direct ou positif, l'on a une gravure dont les reliefs correspondent aux noirs et un moule en plâtre ou une planche en cuivre où les noirs sont représentés par des creux et dont on peut tirer des épreuves semblables au dessin, par l'impression en taille-douce. Un dessin inverse ou négatif photographique ou autre donnera sur gélatine une gravure dont, au contraire, les reliefs correspondront aux noirs du négatif et par conséquent aux blancs du positif ou de l'objet. Ainsi, les noirs seront en relief sur le moule en plâtre ou la planche qui, tirée par l'impresssion typographique ordinaire, reproduira l'objet sous son aspect naturel, si l'on nettoie ou creuse les blancs trop larges.

L'on voit tout le parti que l'art et l'industrie

peuvent tirer des travaux de **M.** Poitevin basés sur la propriété que possède la gélatine non impressionnée de se tuméfier en s'imprégnant d'eau, tandis que la gélatine bichromatée et impressionnée par la lumière ne se gonfle que d'une manière peu sensible. De là des reliefs et des creux dont les hauteurs et les profondeurs sont déterminées par le plus ou moins de facilité d'impression des rayons lumineux traversant un négatif, un positif, ou bien émanant directement d'un corps éclairé.

LITHOPHOTOGRAPHIE.

La difficulté consiste à trouver une substance facilement extensible en couche uniforme et solide et assez sensible à la lumière pour offrir toutes les teintes de l'objet dont on veut multiplier l'image, après avoir rendu la pierre, ainsi préparée, apte à recevoir l'encre de l'imprimeur. En un mot, il faut substituer au crayon, souvent inhabile, un produit photographique donnant un résultat immédiat et plus sûr.

MM. Lemercier, Lerebours, Barreswil et Davanne, associant leurs travaux, ont obtenu déjà d'heureux produits. Nous empruntons à l'excellent traité de chimie photographique des deux derniers l'exposé de leurs manipulations communes :

« On cherche, parmi les différentes qualités de bitume de Judée que l'on trouve dans le commerce, celui qui paraît le plus sensible à la lumière.

« Il suffit, pour cet essai, de faire une dissolution de bitume dans l'éther, de l'étendre en couche mince sur une surface quelconque, une feuille de verre, par exemple, et de l'exposer à la lumière. Le bitume le meilleur est celui qui, après l'exposition, résiste le mieux au lavage à l'éther

« On prend de ce bitume une certaine quantité que l'expérience peut seule déterminer, puisque la solubilité de tous les bitumes diffère sensiblement. On le broie en poudre fine, et l'on en fait une dissolution dans l'éther. Cette dissolution éthérée doit être faite de telle sorte que, répandue sur la pierre, elle y laisse une couche très-mince, régulière, et formant, non pas un vernis, mais ce que les graveurs appellent un grain ; en observant la pierre avec une loupe, on doit constater que cette couche présente sur toute sa surface une sorte de cassure régulière et des sillons où la pierre est mise à nu. La finesse de ce grain, que l'on obtient avec un peu d'habitude, dépend beaucoup de l'état de sécheresse de la pierre, de la température qui doit être assez élevée pour produire une volatilisation rapide, enfin, de la concentration de la liqueur.

« Il nous paraît qu'on facilite la formation du grain en ajoutant à l'éther une faible portion d'un dissolvant moins volatil que celui-ci.

« La dissolution de bitume ainsi préparée, on prend une pierre lithographique ordinaire, on la met parfaitement de niveau sur un pied à caler, on y passe un blaireau pour enlever la poussière, et on y verse la quantité de liquide (filtrée avec soin) nécessaire pour couvrir toute la surface ; l'excédant déborde et tombe de chaque côté, et pour empêcher le retour du liquide sur lui-même, ce qui formerait double épaisseur, on passe sur les arêtes de la pierre une baguette de verre qui facilite l'écoulement.

« On doit éviter, pendant toute cette opération, la moindre agitation dans l'air provoquée, soit par l'haleine, soit par des mouvements trop brusques du corps qui produiraient des ondulations sur la surface du liquide ; le bitume serait alors d'inégale épaisseur, et l'opération serait à recommencer.

« Lorsque la couche est parfaitement sèche, on y applique un négatif (1) obtenu par un procédé quelconque, sur pierre, sur verre albuminé ou collodionné, et on expose à une vive lumière pendant un temps plus ou moins long que l'expérience peut seule indiquer.

« Quand on juge l'opération terminée, on enlève le négatif et on lave la pierre à l'éther ; partout où la lumière a pu traverser, le bitume *devenu insoluble* reste sur la pierre ; il se dissout au contraire partout où il a été protégé par les noirs du négatif.

« Si le temps de pose a été trop court, l'image sur la pierre est trop légère et n'offre pas de demi-teinte ; s'il a été trop prolongé, l'image est lourde et les finesses sont perdues. Le la-

---

(1) Pour la lithographie et les planches en relief, on emploie un négatif ; pour les planches en creux, on se sert d'un positif.

vage à l'éther doit être fait largement, sans quoi il se formerait des taches que l'on ne pourrait plus enlever.

« L'épreuve, bien réussie et sèche, reçoit alors les mêmes préparations lithographiques qu'une épreuve faite au crayon ; elle est d'abord acidulée à l'acide faible additionné de gomme, pour ménager les blancs et donner plus de transparence au dessin, lavée ensuite à grande eau, s'il y a lieu, à l'essence de térébenthine et enfin encrée avec l'encre lithographique ordinaire. Une pierre bien préparée, convenablement acidulée, dont le bitume n'a pas été *brûlé* par une exposition trop longue, doit prendre l'encre immédiatement quand on passe le rouleau, et donner un dessin d'un grain serré et régulier, *sans qu'il soit nécessaire d'y faire la moindre retouche.* On tire avec cette pierre comme avec toute autre pierre lithographique ; le dessin s'améliore beaucoup au tirage ; il devient plus transparent et plus brillant. On peut obtenir un même nombre d'épreuves qu'avec la lithographie ordinaire ; jusqu'ici, nous n'avons pas vu une seule pierre qui fût fatiguée, pourtant nous en avons préparé un grand nombre et nous avons eu l'occasion de

faire un tirage assez considérable pour les spécimens de la lithophotographie. »

Les épreuves sorties des ateliers de M. Lemercier confirment pleinement les assertions des
auteurs de ce procédé.

L'un des chimistes qui connaissent le mieux
les ressources et les applications possibles de la
photographie, M. Poitevin, que nous avons déjà
cité, s'est aussi mis à l'œuvre, et ses résultats ne
sont pas moins remarquables.

Voici comment M. Poitevin opère pour reproduire photographiquement à l'encre grasse, sur
papier, sur pierre lithographique, sur verre, sur
métal et sur bois, la contre-épreuve d'un dessin
photographique ou tout autre : M. Poitevin fait
un mélange à volumes égaux d'une dissolution
concentrée d'albumine ou de ses succédanées,
fibrine, gomme arabique, gélatine, etc., et d'une
dissolution concentrée d'un chromate ou bichromate à base alcaline, terreuse ou métallique,
indifféremment, mais ne pouvant précipiter la
matière organique de la première dissolution.
Le bichromate de potasse remplit cette condition.
Ce mélange s'étend, en une ou plusieurs couches,
sur la surface où la reproduction doit avoir lieu.

Quand cette application du mélange est sèche, on place dessus le négatif à travers lequel passent les rayons lumineux pendant plus ou moins de temps, selon leur intensité. Si l'on veut avoir directement l'image, on met la surface préparée au foyer de la chambre obscure. Après l'exposition, on applique sur la surface imprimée une couche d'encre grasse d'un ton quelconque, avec un tampon, un rouleau, ou bien à la presse. On lave à grande eau ou avec une éponge. On peut aussi manœuvrer un rouleau sur la surface, encrée et mouillée avec de l'eau : l'encre grasse se détache des parties qui n'ont pas subi l'action de la lumière. On obtient de cette façon une reproduction positive, si l'on s'est servi d'un négatif. Quand l'opération s'est faite sur une pierre lithographique, on encre et l'on tire de suite des épreuves. Si l'on avait employé un dessin positif, le dessin sur pierre serait négatif ou inverse, par la raison que l'encre grasse n'adhère pas sur les portions impressionnées par la lumière.

Maintenant, nous copions textuellement M. Poitevin.

« Pour appliquer photographiquement les différentes couleurs soit liquides, soit solides, je fais un mélange intime de la couleur avec une dissolution concentrée des mêmes corps organiques, albumine, fibrine, gélatine, gomme arabique, etc., additionnée d'un volume égal de bichromate; je recouvre d'une couche uniforme de ce mélange la surface du papier ou du corps qui doit recevoir la coloration. Après dessication de cette couche, j'impressionne par la lumière directe ou diffuse, à travers du négatif du dessin à reproduire; je lave ensuite à l'eau et à l'éponge; la couleur reste adhérente seulement sur les parties frappées par la lumière et en quantité proportionnelle à l'intensité de la lumière qui les a impressionnées. On peut ainsi appliquer simultanément ou successivement plusieurs couleurs.»

Ainsi, le procédé de M. Poitevin a le double avantage de ramener à une solution lithographique des épreuves obtenues par l'action de la lumière, soit à travers un dessin, soit directement par un objet éclairé.

Les productions des ateliers de M. Poitevin sont de nature à justifier les espérances que l'état présent de cette découverte fait concevoir pour son avenir. En effet, M. Poitevin arrive en outre à l'application sur le papier, les étoffes, le verre,

les poteries, etc., des différentes couleurs liquides ou solides, mélangées à l'albumine, la
gélatine, la gomme, etc., bichromatées, et à
fixer ces couleurs par l'action de la lumière.

CLICHÉS TYPOGRAPHIQUES.

Les expériences de MM. Poitevin, Ch. Nègre
et Baldus sont jusqu'à présent les meilleures indications à suivre pour arriver au cliché typographique. M. Poitevin a fait des clichés très-
remarquables d'après des gravures; la taille du
cuivre en hachure favorisait singulièrement ce
résultat. Mais ce n'est pas encore tout ce que
l'on est en droit d'attendre, il faut parvenir à
n'avoir qu'à mettre un buis ou une plaque métallique, convenablement préparés, dans la
chambre noire, pour posséder immédiatement,
après l'exposition à la lumière, une image toute
gravée par l'action seule des rayons lumineux,
ou sur laquelle il suffise de verser un mordant
afin d'achever l'œuvre s'il ne peut être complet
sans ce moyen. Tant que l'on sera forcé d'appe-

ler la main de l'artiste pour suppléer le savant, il restera quelque chose à faire.

En combinant la lithophotographie avec le procédé de M. Gillot, on obtient un cliché que l'on imprime typographiquement avec le texte. On remet à l'inventeur une épreuve lithophotographique obtenue, soit par l'effet de la photographie, soit dessinée **au crayon gras,** M. Gillot fournit immédiatement un cliché pouvant donner un grand nombre d'exemplaires. Ce nombre devient illimité si l'on fait en même temps plusieurs répétitions lithographiques du dessin, dont on accélère le tirage en plaçant plusieurs copies sur la même planche servant de cliché.

L'une des plus spirituelles publications hebdomadaires de notre époque, *le Journal amusant,* offre à ses nombreux lecteurs de beaux spécimens de la paniconographie Gillot.

L'on a fait des tentatives plus ou moins heureuses pour obtenir des clichés typographiques en employant toutes les ressources de la science. On s'est surtout préoccupé d'exploiter une substance métallique. M. Lallemant a voulu seulement se passer du dessinateur pour un cliché sur bois et n'avoir recours qu'au graveur. C'est la première phase du grand problème à résoudre du cliché photographique ; cependant cette demi-solution n'est pas sans importance, et mérite d'être consignée.

M. Lallemant procède en mettant la surface du buis en contact avec une saturation d'alun ; quand cette surface est bien imprégnée de ce liquide, on la laisse sécher ; après quoi, à l'aide d'un blaireau, l'on étend, sur toutes les faces de la planche, un composé de savon animal, d'alun et de gélatine. On sèche, puis on applique cette préparation sur un bain de chlorydrate d'ammoniaque. Après dessication, l'on sensibilise avec un bain contenant 20 pour 100 d'azotate d'argent ; vient ensuite l'exposition à la lumière sous le cliché photographique et dans un châssis disposé spécialement pour recevoir le morceau de buis, dont l'épaisseur serait un obstacle sans une modification du système ordinaire.

On fixe enfin, avec une saturation d'hyposulfite de soude. Peu de minutes suffisent pour cette opération, qui nécessite un dernier lavage de cinq à six minutes.

La mixture de M. Lallemant est ici substituée

au collodion, parce qu'avec son emploi direct, l'image arrive avec le protosulfate de fer ou l'acide gallique qui maculent le bois. D'autre part, le burin est moins à son aise avec l'empâtement du collodion. L'albumine, en s'égrenant facilement en poussière, présentait un autre inconvénient. L'épreuve obtenue par M. Lallemant laisse toute certitude à l'artiste intelligent chargé de terminer l'œuvre, en fouillant les blancs, pour donner du relief aux noirs et aux demi-teintes, en raison de leur valeur respective.

L'épreuve sur bois actuellement sous nos yeux est assez belle pour faire désirer plus vivement encore un moyen chimique de s'affranchir aussi de l'outil qui, malgré l'habileté d'une main exercée, ne peut qu'altérer le travail si parfait de la lumière.

MM. Beechey et Laugton ont publié, il y a quelque temps, une gravure sur bois de la lune dont le dessin a été obtenu photographiquement pour être terminé par l'instrument du graveur. Ils n'ont pas communiqué leur procédé, du moins nous ne le connaissons pas. Nous doutons qu'il puisse fournir un meilleur résultat que le moyen mis en œuvre par M. Lallemant.

AMPLIFICATION DES IMAGES.

M. Duboscq a pu parvenir, à l'aide de la lumière électrique, à donner un grossissement considérable aux plus petits objets, dont l'étude ne peut être faite sans le secours du microscope. L'habile opticien s'y prend à deux fois. Une première opération a donné un grossissement de trois cents fois. Un négatif sur glace a été fait d'après l'infiniment petit modèle, agrandi, puis éclairé avec le microscope photo-électrique. L'on a tiré de ce négatif des épreuves positives sur verre transparent. L'appareil de projection a permis d'avoir sur un écran l'image déjà grossie de trois cents fois. Une seconde ampliation rend l'objet dix mille fois plus gros. Cet appareil de projection se compose d'une boîte en cuivre. Au centre, est le point lumineux électrique éclairant deux réflecteurs posés à 45 degrés et renvoyant la lumière dans le double système lenticulaire où sont placés les tableaux à projeter. En avant de ces deux corps, se trouve un diaphragme faisant alternativement obstacle à chacun des rayons lumineux.

M. Duboscq applique au stéréoscope cet important résultat, avec des photographies jumelles de l'image. Voici la méthode à suivre : les deux lentilles jouent le rôle des deux chambres noires en se plaçant sous deux inclinaisons, en raison de la position de l'objet. A l'aide du microscope binoculaire de M. Nachet, on voit en relief les petits objets microscopiques, et l'on peut photographier en même temps les deux images. Le système de M. Nachet se compose d'un jeu de lentilles au-dessus duquel est un prisme de 60 degrés. Ce prisme présente normalement une de ses surfaces aux rayons qui le pénètrent pour le réfléchir sur une des faces et ressortir par la troisième. Il en résulte ceci : les rayons venant du côté droit de la lentille sont réfléchis sur la surface droite du prisme et ressortent à gauche. Les rayons arrivant du côté gauche de la lentille, sont réfléchis sur la face gauche du prisme et sortent à droite ; dans l'intérieur de ce premier prisme, ces rayons se croisent, et à leur sortie, ils sont reçus sur deux autres prismes qui les rendent parallèles. L'on peut ainsi juger, sur la glace dépolie, de l'effet, à l'aide du stéréoscope omnibus.

MICROGRAPHIE PHOTOGRAPHIQUE.

L'emploi simultané du microscope et de la photographie était indiqué par les besoins des sciences d'observations. De grandes difficultés se présentaient; il fallait les résoudre. M. Bertsch s'est chargé de cette tâche; il lui a été donné de la remplir. Voici comment *le Cosmos* rend compte des travaux du persévérant explorateur :

« Les principales difficultés à vaincre pour l'application du microscope aux reproductions photographiques sont le pouvoir dispersif des surfaces réfléchissantes, les phénomènes de diffraction sur les bords des diaphragmes, les franges et les anneaux colorés résultant du défaut d'achromatisme dans les rapports des prismes aux lentilles, les différences souvent considérables entre ce qu'on appelle le foyer actinique et le foyer visuel, et enfin l'effet des vibrations dans les appareils dont toutes les parties, à cause de leur étendue, ne peuvent être solidaires. Le microscope solaire, malgré les perfectionnements réels qui lui ont été appliqués, n'est encore, lorsqu'il s'agit d'expériences photographiques, qu'un instrument incapable, une sorte de lanterne magique dont les images sont loin d'avoir une netteté suffisante. Avant d'espérer un résultat convenable, il fallait transformer complétement cet appareil. Au miroir ordinaire donnant par ses surfaces deux images superposées du soleil, M. Bertsch a d'abord substitué, non un miroir métallique dont le pouvoir dispersif est trop considérable, mais une lame d'anthracite plane et polie ne donnant qu'une réflexion. Au lieu de recevoir le rayon réfléchi sur la partie centrale d'une large lentille à court foyer, comme cela se pratique, il le fait passer par l'ouverture étroite et à bords aigus d'un diaphragme mobile dans la direction horizontale et qui permet, en l'éloignant et le rapprochant, de ne recevoir sur le concentrateur que la quantité de lumière nécessaire à l'expérience, ou juste ce qu'il en faut pour éviter les anneaux colorés. De là, au moyen de vis de rappel, le rayon est renvoyé dans l'axe rigoureux d'un second système. Au lieu de traverser ce qu'on appelle le focus, il se rend à la surface d'une glace plane à faces parallèles qu'on a dépolies et adoucies avec le plus grand soin, afin de la rendre simplement translucide. Les franges et tous les phénomènes de diffraction se trouvent radicalement arrêtés, et le rayon est alors très-pur.

« Suivant l'effet qu'on veut obtenir, on fait passer ce rayon à travers un système achromatique de Dujardin, ou on le reçoit directement sur l'objet. Pour la reproduction des corps opaques, l'appareil reçoit des modifications qui permettent de renvoyer la lumière à la surface antérieure de ces dernières en évitant, au moyen de diaphragmes, les irradiations latérales.

« Quant aux objectifs, comme il n'est point encore possible de les obtenir rigoureusement achromatiques, il faut en calculer d'avance les foyers actiniques, les monter sur un système mu par des vis micrométriques d'une grande finesse, et portant, à l'une de leur extrémité, des points de repère fixes auxquels correspondent les numéros des lentilles. La différence entre le foyer visible et le foyer actinique n'étant le plus souvent que de quelques centièmes de millimètre, on ne saurait apporter trop de soin dans la confection du chariot portant les objectifs et des vis qui servent à la faire mouvoir.

« Pour les objets nageant dans un liquide, M. Bertsch leur conserve leur position horizontale en ramenant, au moyen d'un prisme de Crownglas ou de Flint, suivant la nature de la décomposition que peut amener l'éclairage, dans la position verticale. En résumé, avant d'éclairer l'objet, le rayon doit avoir perdu ses propriétés calorifiques, les effets de la concentration ayant été détruits par la glace doucie. Il ne doit plus former un cône, mais un cylindre d'une longueur indéfinie, à un point quelconque duquel on place l'objet à reproduire, suivant l'intensité de la lumière qui lui convient; n'embrasser juste que cet objet et circonscrire autour de lui un champ dont les bords sont parfaitement nets. Nous avons dit qu'une des principales difficultés résulte de l'impossibilité où l'on est de rendre absolument solidaires toutes les parties d'un si grand appareil, et des déplacements continuels que l'image éprouve sur la plaque sensible à cause de l'instabilité de la maison où l'on opère.

« Le passage d'une voiture ou les pas d'un voisin suffisent pour rendre toute expérience négative; une secousse d'un centième de millimétre se traduit, on le conçoit, par un déplacement de trois millimètres, avec un grossissement de trois cents fois, et il n'y a aucun moyen mécanique d'obvier à cet inconvénient. Lors de l'apparition du collodion, M. Bertsch comprit le parti qu'on pouvait tirer de cette substance à cause de sa grande finesse, si l'on arrivait à vaincre l'extrême lenteur avec laquelle elle s'impressionnait alors.

« Au moyen d'une combinaison d'aldéide, il est arrivé le premier à rendre le collodion sensible jusqu'à l'instantanéité ; il ne lui restait donc plus qu'à limiter à un temps très-court l'action de la lumière sur la glace photographique. Pour y parvenir, il lui a suffi d'interposer, entre l'objet et l'ouverture de l'objectif, un disque de laiton noirci monté sur un axe portant un barillet à ressort et percé en un point de sa surface et vers le bord, d'une ouverture circulaire. Au moyen d'une détente, le disque accomplit une révolution sur son axe, l'ouverture se trouve, pendant un temps inappréciable, en rapport avec celle de l'objectif, le rayon passe comme un éclair et l'image est produite.

« Lorsque le corps est transparent. on monte

le disque de façon à lui faire accomplir deux ou trois tours, et l'image se reproduit dans un temps divisé en trois parties si courtes que les ébranlements sont sans aucun effet. Pour les objets opaques, l'appareil reçoit encore des modifications essentielles de nature à produire un éclairage par réflexion, au lieu d'une lumière réfractée. Quand on songe à la petite quantité de lumière que peut renvoyer à travers un système compliqué de lentilles un objet opaque de quelques millimètres d'étendue, souvent obscur par lui-même et grand de cinquante à deux cents fois, on ne peut s'empêcher de reconnaître que, pour arriver aux résultats qu'il obtient, M. Bertsch a dû travailler avec persévérance. »

Le règne animal et le règne végétal ont fourni à M. Bertsch l'occasion de faire admirer la beauté des copies obtenues avec un grossissement considérable. Nous citerons, entre autres, l'œil multiple de la mouche, une bouche de fourmi, parmi les petits êtres vivants. Les végétaux ont aussi leur musée gigantesque : on y voit le pollen de la mauve et une collection de détails appartenant à la vie végétale.

HÉLIOCHROMIE.

Pourra-t-on parvenir à fixer photographiquement la couleur des objets, comme on sait déjà rendre durable l'image de leurs formes unicolores, sous l'action des rayons lumineux? Si personne ne peut répondre encore affirmativement, l'impossibilité de réussir n'est pas démontrée. Après tout ce que la science a découvert, l'espérance est plus rationnelle que la négation absolue.

Des hommes, dont le nom fait autorité, n'ont pas hésité à consacrer leurs veilles à la recherche de cet inconnu. MM. Niepce de Saint-Victor et Edmond Becquerel ont publié le résultat de leurs premières tentatives. Nous indiquerons sommairement la communication de M. Becquerel. Dans le tome XXVI des Comptes-rendus de l'Académie, le savant expérimentateur a fait connaître la possibilité de préparer une surface chimiquement impressionnable à la lumière, « de façon qu'elle se colore précisément de la teinte des rayons lumineux qui la frappent. » Pour obtenir ce résultat, M. Becquerel a employé un chlorure d'argent violet moins chargé de chlore que le chlorure blanc, avec lequel on le trouve généralement mélangé.

Pour enduire des surfaces de chlorure d'argent violet, on décompose, par un courant électrique, une dissolution d'acide chlorhydrique dans l'eau, et l'on fait arriver le chlore sur une lame d'argent placée au pôle positif de la pile. Le verso de la lame doit être verni pour que le chlore se porte exclusivement sur la préparation. Le mémoire de M. Becquerel contient, à cet égard, des instructions détaillées auxquelles nous renvoyons le lecteur. M. Becquerel a fait de belles reproductions colorées de spectres lumineux. Les images de la chambre noire ont laissé quelques traces de leur coloration, mais ces impressions ne se conservaient que dans l'obscurité. L'on en est actuellement, pour la couleur, au point où les premiers expérimentateurs photographiques en étaient avant Nicéphore Niepce et Daguerre pour l'image unicolore. Puisse-t-on trouver d'heureux continuateurs de l'héliochromie, comme la science en a fourni pour compléter les vagues indications de ses débuts dans l'application des effets de la lumière !

DU STÉRÉOSCOPE.

M. Wheatstone est l'inventeur du stéréoscope. Voici comment M. Babinet raconte l'origine de cet instrument d'optique : « M. Wheatstone eut l'idée de prendre deux miroirs, de les assembler comme le sont deux couvertures d'un livre relié que l'on ouvre à moitié ; et, mettant tout près du nez la ligne de jonction des deux miroirs, de regarder avec chaque œil dans chaque miroir deux dessins placés l'un à droite, l'autre à gauche de l'observateur. Lorsque celui-ci était parvenu à saisir la superposition des deux reflets des miroirs, alors l'effet du relief apparaissait. » Voilà le véritable point de départ. Il y avait de quoi rendre un expérimentateur louche pour le restant de ses jours.

Le stéréoscope actuel est maintenant le satellite complémentaire de la chambre noire ; il en rend les produits plus merveilleux encore par le relief qu'il donne à l'image fixée sur une surface plane.

C'est la dualité d'impression sur l'ensemble du sytème de la vue, fourni de deux organes, qui détermine la sensation d'une saillie unique.

Quand nous fermons successivement un œil en tenant l'autre ouvert, nous constatons un dérangement des objets placés dans l'alignement des rayons visuels ; cela provient de ce que, partant de deux bases écartées, ceux de gauche voient plus du côté correspondant de l'objet que leurs congénères, et réciproquement. Nous apprécions, d'après l'ouverture de l'angle visuel, la grandeur des corps dont nous cherchons à nous rendre compte en les comparant entre eux. Plus ces corps sont rapprochés de nous, plus l'angle sous lequel nous les apercevons est obtus ; l'angle devient d'autant plus aigu qu'ils sont plus éloignés. L'effet comparatif de la double vision simultanée démontre la réalité du relief. Le stéréoscope offre une combinaison semblable et vient ainsi corroborer l'illusion de l'épreuve photographique en réunissant, par juxtaposition, deux images d'un objet unique obtenues à des angles différents, par l'écartement de leur sommet.

Léonard de Vinci a soulevé cette question dans son *Traité de la Peinture*, au chapitre 53, ayant pour titre : « D'où vient que les choses peintes ne peuvent jamais avoir le même relief que les choses naturelles. » M. Wheatstone a résolu le problème en 1838 ; M. Brewster en a vulgarisé l'application dans l'année 1844 ; M. Dubosq a répandu partout l'ingénieux instrument construit sur les données des deux savants anglais. Il en a considérablement agrandi la portée en rendant possible la vision des images transparentes sur verre albuminé, par l'ouverture du fond jusqu'alors fermé du stéréoscope, auquel il a substitué un verre dépoli.

La structure du stéréoscope est simple. Les moitiés d'une lentille coupée en deux sont placées chacune dans un tube en cuivre. Ces tubes sont accouplés de façon à présenter à chaque œil du spectateur une extrémité, tandis que l'autre bout est en face de l'image produite en double épreuve.

Ces tubes sont en outre mobiles et se mettent au point comme une lorgnette binoculaire. Ils sont montés au-devant d'une petite boîte, agencée de manière à laisser la lumière arriver d'en haut sur les images jumelles, ou à les montrer par transparence en découvrant le fond.

Les deux épreuves similaires qui doivent coïncider avec la dimension du stéréoscope. se font par les procédés ordinaires, à deux points dont l'écartement répond à celui des yeux du spectateur. Ce travail s'exécute, soit par le déplacement d'une chambre noire unique, soit par l'accouplement à distance de deux chambres ayant des objectifs pareils et mis au même foyer qui ne doit pas être trop court. L'usage indique sûrement sous quel angle il faut agir et l'intervalle à mettre entre les deux chambres noires, ou, en d'autres termes, entre les deux points de vue du même objet.

Pour donner une idée approximative de cette opération, nous dirons de compter 40 centimètres entre les deux objectifs, à une distance de 5 mètres environ du modèle posant pour son portrait. Quant aux vues prises en pleine campagne, la base d'écartement entre les deux chambres noires peut s'étendre à quelques mètres. Il existe des chambres noires avec un châssis spécial, permettant d'opérer successivement sur les deux moitiés d'une seule feuille de papier ou de glace. Nous rentrons ici dans les manipulations déjà décrites ; notre lecteur voudra bien s'y reporter pour arriver enfin à l'épreuve jumelle qui doit se placer dans le stéréoscope et produire une illusion d'autant plus entraînante que l'on aura pris plus de soins dans les préparations préliminaires. Ajoutons cependant que tout le monde ne peut voir également bien dans le même stéréoscope sans une légère modification dans le système. Le myope a besoin de rapprocher les lentilles, s'il n'a pas conservé ses lunettes habituelles, car on met plus ou moins de temps à percevoir le relief en raison de la justesse de vision.

PHOTOMÉTRIE.

A l'aide de la photographie, on établit la différence comparative d'intensité qui existe entre plusieurs foyers lumineux. Le degré d'action de chacun d'eux sur une plaque daguerrienne, et jusqu'à leur maximun d'effet, donne, en résultat, leur puissance relative, et permet de les classer dans un ordre exact. Par ce procédé, l'on a pu comparer entre elles les lumières émanant du soleil, de la lune et des étoiles. L'on constate également ainsi le meilleur mode d'éclairage parmi les systèmes divers imaginés par l'industrie.

L'on doit au docteur Brooke la possibilité de noter régulièrement les indications du baromètre et de l'aiguille aimantée, par une heureuse application de la photographie.

Rien de plus simple.

On recouvre d'un papier sensibilisé un cylindre exécutant, en vingt-quatre heures, une révolution continue sur son axe. Sur la surface photographique de ce cylindre, se dessine la traînée produite par l'empreinte de l'indicateur. Chaque ordonnée de cette courbe montre l'état de l'instrument au moment précis indiqué par l'abcisse corespondante. En fixant cette épreuve par le moyen ordinaire, on possède un relevé parfait des particularités de la marche de l'aiguille indicatrice.

——— ———— —

PROCÉDÉS DIVERS.

Une foule de procédés plus ou moins ingénieux ont également vu le jour. Les meilleurs ont été enregistrés dans les recueils scientifiques qui ont si libéralement ouvert leurs colonnes à tout ce qui pouvait contribuer au développement de la photographie. Nous n'avons pas assez d'espace pour les énumérer ici ; nous devons nous borner, dans l'intérêt même du lecteur, à lui présenter un choix profitable, au lieu d'une masse, dont le moindre inconvénient serait de fatiguer l'esprit sans l'éclairer.

Collodion à la céréoline. — M. Stéphane Geoffray compose ainsi le collodion à la céréoline sur verre :

Coton-poudre. . . . . . 8 grammes.
Esprit à 66°. . . . . 500 —
Solution de céréoline. . . 70 —
Pour le papier mince, voici les dosages :
Solution de céréoline. . . 250 grammes.
Iodure de potassium porphy-
risé. . . . . . . 8 —
Bromure de potassium. . 4 —
Teinture d'iode. . . . une goutte.

M. Geoffray change ainsi la formule pour un papier fort :

Solution de céréoline. . 250 gr.
Iodure de potassium por-
phyrisé. . . . . 4 gr. »
Bromure de potassium. . 0 — 50 cent.
Le tout, bien mélangé, est filtré avec soin.

Si l'élévation de la température rend nécessaire l'augmentation de la dose des agents sensibilisateurs, on peut remplacer avantageusement l'iodure de potassium par l'iodure de zinc. En ajoutant 1 gramme de cyanure d'iode et d'argent, on activerait encore l'effet de la lumière, mais alors le papier ne se conserverait plus aussi longtemps. Le papier préparé comme on vient de le dire, passé au bain et séché, acquiert de nouvelles qualités en vieillissant. Quand on veut s'en servir, on le met sur un bain composé de 100 grammes d'eau distillée, de 5 grammes de nitrate d'argent fondu, et de 12 grammes d'acide acétique cristallisé. Le papier prend une teinte uniforme d'un blanc jaunâtre. On le retire du bain lorsque, vu par transparence, il ne laisse aucune tache. Si l'on opère par voie humide, on étend de suite la feuille sensibilisée sur une feuille non collée et humide, appliquée d'avance sur la glace, et l'on procède à l'exposition dans la chambre noire.

Pour la voie sèche, on lave la feuille, au sortir du bain, dans de l'eau distillée contenant un peu d'acide acétique. On suspend ensuite la feuille pour la débarrasser de l'excès du liquide; quand elle est asséchée, on la place en réserve entre deux papiers buvards. On peut en préparer ainsi plusieurs pour les employer plus tard ; il est plus convenable cependant de les tendre sur un verre, un carton ou toute autre surface d'un corps solide ; la planité de la feuille sensibilisée est plus rigoureuse et concourt puissamment à l'exactitude de l'image.

La durée de l'exposition varie d'une minute à trois quarts d'heure. Il faut mettre l'épreuve dans un bain d'eau distillée avant de verser l'acide gallique sur l'image, qu'il faut amener progressivement, sans avoir recours au nitrate d'argent. Deux minutes au moins, et trois quarts d'heure au plus suffisent au développement entier. Après avoir reçu l'acide gallique, l'épreuve est lavée à grande eau ; elle est fixée dans un bain de 10 grammes d'hyposulfite de soude dans 100 grammes d'eau filtrée. Quand les clairs de l'épreuve sont devenus bien blancs, on la passe pendant huit heures environ dans une série de bains renouvelés. On fait sécher l'épreuve, puis on la cire pour augmenter la transparence.

Collodion anticipé. — L'un des plus grands embarras du photographe en voyage est de pré-

parer sur place, une glace avec le collodion.
Plusieurs chimistes se sont occupés du soin d'obvier à ce grave inconvénient, en cherchant le
moyen de disposer d'avance des glaces collodionnées, tout en leur conservant une sensibilité pareille à celle dont elles sont pourvues
immédiatement après les opérations du laboratoire.

MM. Spiller et Crookes ont, dans ce but, procédé comme il suit : ils laissent, pendant cinq
minutes environ, la glace collodionnée dans un
bain contenant 2 grammes de nitrate d'argent.
Après ce premier bain, la glace est lavée et
plongée dans un second bain composé de 113 gr.
4 de nitrate de magnésie; 0 gr. 177 de nitrate
d'argent; 1 gr. 77 acide acétique cristallisé, et
340 gr. d'eau. Ce bain dure également cinq minutes; il faut ensuite près d'une demi-heure
pour que la plaque soit séchée, en la tenant verticalement appuyée sur un papier buvard. La
plaque est alors emmagasinée dans une boîte à
rainures, pour servir plus tard, et parfaitement à
l'abri de la lumière.

Les auteurs conseillent néanmoins d'humec-
ter le collodion dans un bain d'argent, pendant

trente secondes avant de mettre à la chambre
noire, afin de pouvoir répandre plus facilement
sur l'image latente, l'acide pyrogallique ou la solution de protosulfate de fer. Le reste des opérations se passe comme à l'ordinaire.

M. Lyte agit plus simplement encore. Il verse
sur la plaque collodionnée et sensibilisée, une
solution de sucre de raisin, sucre d'amidon, ou
glucose, additionnée de quelques grammes de
nitrate d'argent. Après avoir laissé pendant quelques minutes le liquide en excès s'écouler de
la glace posée verticalement contre un appui, on
la met au châssis, abritée contre tous rayons lumineux, et l'exposition peut n'avoir lieu que
plusieurs heures après.

La *formule* suivante a été publiée par M. T.
Woods. Prenez :

Sulfate de fer.	2 gr. 591
Iodure de potassium. . . .	1 — 555
Sel commun.	0 — 387
Alcool.	60 —
Ether..	3 — 544
Eau concentrée d'ammoniaque.	3 gouttes.

Réduisez les sels en poudre très-fine ; mêlez-les de façon à faire un tout, sur lequel vous versez l'alcool, ensuite l'éther, et l'ammoniaque en dernier. Agitez pour rendre le mélange plus complet, et laissez-le se précipiter. Quand cette solution est clarifiée, on en mêle une partie en volume, avec trois parties de collodion chimique auquel on a ajouté une solution saturée de sel commun, dans la proportion de 1 gr. 772 de la solution saline, pour 120 gr. de collodion. On recouvre la plaque d'une couche de ce liquide par le procédé connu. Sensibilisez dans un bain neutre de 1 gr. 94 de nitrate d'argent par 30 gr. d'eau distillée. Après l'exposition à la chambre noire, on fait développer l'image dans une solution de sulfate de fer, contenant 0 gr. 886 pour 30 gr. d'eau. Le fixage se fait avec l'hyposulfite de soude.

La modification que nous allons donner fournit de très-belles épreuves : développez l'image dans un bain d'environ 1 gr. 50 de sulfate de fer pour 120 grammes d'eau, et ajoutez à l'hyposulfite du fixage, 20 ou 30 gouttes d'une solution aqueuse concentrée d'ammoniaque, pour 210 grammes environ d'hyposulfite.

Epreuves positives directes sur papier.—Les

épreuves positives directes sur glaces collodionnées sont sans contredit les plus belles ; mais
souvent la fragilité du verre devient un embarras dans le transport ; c'est un malheur irrépa-
rable quand ce frêle tableau se brise, si l'on ne
peut plus disposer du modèle. Nous avons cherché le moyen de remédier à ce grave inconvénient, et voilà ce que nous avons trouvé de plus
facile et de moins dispendieux. Nous tendons
sur une glace une feuille de papier noir que nous
vernissons, et nous opérons absolument comme
s'il s'agissait d'obtenir une épreuve positive sur
verre. Quand toutes les opérations d'impression, d'apparition et de fixation de l'image sont
terminées, nous retirons de dessus la glace la
feuille photographique, après l'avoir recouverte
d'un léger vernis transparent, pour protéger le
dessin contre tout frottement ou autre genre
d'altération. On arriverait au même résultat sur
des plaques métalliques dont le verso devrait
être mis à l'abri des agents chimiques par un
vernissage, ne laissant aucune partie du métal à
nu ; il en serait de même si l'on agissait sur un
carton assez fort pour éviter le gondolage,

Épreuves positives sur collodion, amplifiées ou réduites. — M. M. A. Gaudin pose un négatif parallèlement devant une glace sensibilisée, dont le revers est tourné vers un fond obscur. Elle est séparée du négatif par un carton échancré. Les rayons solaires arrivent par réflexion sur la surface du négatif pendant moins d'une seconde. Le châssis contenant les deux glaces est dans l'obscurité. Sans cette précaution, le collodion serait impressionné par la lumière diffuse.

M. Gaudin obtient de belles épreuves et les reporte sur toile cirée blanche ou sur tout autre corps enduit d'un vernis blanc. Il faut éviter, pour le papier, les vernis gras qui détruiraient sa matité.

M. Moitessier place le négatif au volet d'une chambre obscure et laisse arriver à l'objectif la lumière transmise par les rayons solaires. La chambre noire est disposée derrière le négatif, comme pour la reproduction d'une gravure que l'on voudrait photographier par transparence.

Après avoir mis au foyer, on introduit dans l'appareil une plaque de collodion sensibilisé.

L'épreuve positive a beaucoup de finesse et présente une grande douceur dans les ombres et les demi-teintes.

Avec ce procédé, l'amplification des images est facile ; elles ne perdent pas beaucoup de leur netteté. La pose varie de vingt secondes à trente minutes, en raison de l'intensité de la lumière et de la grandeur relative du négatif ou du positif à obtenir.

On fixe avec l'hyposulfite de soude ou le cyanure de potassium. On lave, on sèche et l'on a une belle épreuve transparente.

Si l'image, vue par réflexion, est d'un ton gris, on corrige ce défaut en versant sur la glace une dissolution de bichlorure de mercure. L'image noircit d'abord, puis elle blanchit ; la teinte devient bientôt uniforme : alors une faible dissolution de cyanure ou d'hyposulfite est versée sur la surface ainsi modifiée, et donne un noir intense, que la dessication fait un peu pâlir. On applique ensuite sur le collodion une couche de blanc préparé pour la peinture à l'huile. Ce blanc se délaye dans un mélange de vernis copal et de benzine-colas. On étend ce liquide sur l'image à laquelle il sert de fond.

L'épreuve peut rester dans cet état ; mais, d'après le conseil de M. Moitessier, il vaut mieux coller sur la couleur une feuille de papier et, après une adhérence complète, détacher le tout de la glace et posséder ainsi des images moins embarassantes à collectionner, que lorsqu'elles restent sur un verre épais et fragile.

Report sur papier de clichés ou de positifs directs sur glace collodionnée. — Ce report se fait d'autant mieux que l'on ne s'est pas servi de vernis gras pour solidifier l'image. Faites dissoudre dans 500 grammes d'eau filtrée, 20 grammes de gélatine incolore, au bain-marie. Versez cette solution dans une cuvette de porcelaine et placez en contact avec le liquide une feuille de papier mince pendant deux ou trois minutes. Faites sécher. Prenez maintenant le cliché ou le positif direct et mettez-le sur un support horizontal, le collodion en dessus, pour le couvrir également partout d'une nappe d'eau distillée. Appliquez-y le côté gélatiné de la feuille préparée, après l'avoir tenue, pendant quatre minutes environ, sur un bain d'eau distillée et filtrée. Soulevez la glace pour favoriser l'écoulement de l'eau et l'application de la feuille de papier sur le collodion ; puis placez la glace perpendiculairement et laissez sécher le tout ; il suffit alors de couper les bords du papier sur la glace et de faire tremper le tout dans une cuvette contenant, en hauteur, quelques centimètres d'eau. Quand on s'aperçoit que le collodion se détache de la glace, on soulève soigneusement la feuille de papier, sans ôter la glace de l'eau. Après cette opération l'on fait sécher en collant sur une planchette les bords du papier, auquel le collodion se trouve adhérer. Si le collodion avait été verni avec une résine, il faudrait ajouter à l'eau 6 pour 100 d'alcool et laisser la plaque dans ce bain, pendant une demi-heure environ : pour tout le reste, on suit la marche précédente. Nous devons dire que, malgré tous les soins, on ne réussit pas toujours. Dans certains cas, nous avons déverni le cliché en le trempant dans l'essence de térébenthine. La difficulté n'était plus aussi grande. Un peu d'alcool achevait d'enlever ce qui pouvait rester de corps gras sur l'image.

On peut obtenir encore des épreuves de négatifs ainsi traités. Ils prennent une certaine vigueur. On les cire en outre, s'il est nécessaire, par les moyens déjà décrits.

Transport de l'image sur papier. — Au moment où l'on vient de terminer, par le lavage qui suit, la fixation de l'image sur collodion, il n'y a pas de difficulté d'en transporter la couche encore fraîche sur une feuille de papier. Il suffit d'appliquer sur le collodion un papier buvard humide, en ayant soin de rendre son adhérence complète, pour éviter les déchirures. En soulevant le buvard, on détache la couche collodionnée, que l'on reporte immédiatement sur une autre feuille, assez mince pour être très-souple, et que l'on a préalablement enduite d'une solution de gomme arabique. La couche de collodion est alors entre deux feuillets ; mais comme la substance agglutinative la retient, on retire le buvard et l'image reste visible sur le papier encollé que l'on rend transparent plus tard, s'il s'agit d'un négatif et que l'on prend noir s'il l'on a un positif direct.

Conversion d'un positif en négatif. — M. William Roberts a proposé de blanchir l'image positive avec une solution de bichlorure de mercure que l'on verse dessus la plaque collodionnée. On lave avec soin et l'on étend sur la surface une solution aqueuse d'hydrosulfite ou sulphydrate d'ammoniaque; bientôt on voit le positif se transformer en négatif, dont les noirs sont assez intenses pour former de belles épreuves positives sur papier. Disons qu'il est très-difficile de bichlorurer une image au collodion, sans la déchirer ou la détacher par partie de la glace.

Procédé mixte. — En combinant le travail du dessinateur et celui de la lumière. l'art de la reproduction graphique a pu s'enrichir de certains procédés fort simples. Nous en consignons ici sommairement un exemple.

M. Bastien recouvre d'une légère couche de blanc de plomb, une glace sous laquelle il place une feuille de papier noir. Il trace, à la pointe, le dessin dont il veut avoir des copies, sur la surface enduite, qui se dépouille sous le sillon du fer aigu, en imitant de cette manière des contours et des tailles tracés à la plume. Quand le dessin est fini, les traits se voient en noir à travers les parties mises à nu. M. Bastien met alors sa planche à plat dans un bain composé de sulfure de potassium dissous dans l'eau. Le blanc de plomb noircit promptement à ce contact avec le réactif. C'est alors un cliché dont on peut tirer d'autant plus d'épreuves qu'il a été mieux fixé par un vernis solide et transparent.

Vernis à l'ambre. — M. Diamond réduit en poudre très-fine 30 grammes d'ambre ; il le mêle à 240 grammes de chloroforme dans un flacon qu'il agite vivement, pour aider la dissolution de la partie résineuse. La portion bitumineuse se trouve arrêtée dans un morceau de mousseline serrée, à travers laquelle on fait passer, par compression, la dissolution obtenue après vingt-quatre heures de macération. Le liquide sorti se met dans un filtre de papier, qu'il traverse en s'épurant. Dans ce dernier état, il fournit un vernis très-transparent et très-fluide que l'on étend à froid sur la face collodionnée de la glace. Ce vernis sèche instantanément ; il se durcit de façon à protéger l'image contre tout frottement.

INSTRUMENTS DIVERS.

Chambre noire à soufflet. — Elle est de grande dimension et montée sur un chariot à coulisses permettant de mettre au point avec la plus rigoureuse exactitude. Veut-on allonger le foyer, il suffit d'ajouter des soufflets supplémentaires, ce qui s'exécute avec une extrême facilité. Le système de traction consiste dans une double crémaillère commandée par une vis sans fin. M. Keesen a construit un de ces instruments, portant des glaces de 83 centimètres sur 63. Avec cet appareil, on peut obtenir une reproduction de la grandeur de l'image, si cette dimension est en rapport avec celle des glaces. Dans tous les cas on arriverait à ce résultat par deux opérations successives.

Châssis multiples. — Plusieurs modifications ont été apportées dans ce système par MM. Plaut, Marion et Robert de Sèvres. Avec le châssis de M. Clément l'on change les feuilles sensibilisées, sans risque de les laisser altérer par l'effet de la lumière.

On doit à M. L. Chevalier un *compteur à secondes*, sonnant à un moment déterminé d'avance et indiquant sur son cadran le nombre de secondes écoulées pendant l'opération.

Ce compteur fort simple et très-utile se remonte comme une horloge ordinaire.

Cône en carton. — Il est garni de velours noir,

et s'adapte à l'objectif pour empêcher l'action de la lumière latérale sur les parois de la monture, sans quoi l'image serait diffuse, et par conséquent moins vigoureuse.

Mégascope solaire achromatique pour les corps opaques. — Cet instrument, exécuté par M. Chevalier, se compose :

1° D'un objectif dont on peut varier le foyer et la combinaison ;

2° De deux miroirs plans, mobiles et réfléchissant une vive lumière sur le corps solide dont on veut avoir l'ampliation ;

3° D'un chemin avec engrenage et chaîne à la Vaucanson, pour éloigner ou rapprocher de l'objet, à l'aide d'une manivelle, afin d'obtenir des images plus ou moins grandes, d'après la théorie des foyers conjugués ;

4° D'une planchette adaptée au volet de la fenêtre.

La distance de la lentille à l'objet est déterminée par la netteté de l'image projetée sur l'écran, sous l'action puissante des rayons solaires, indispensables pour l'opération. Nous donnons le dessin du mégascope de M. Chevalier. On en comprendra facilement le mécanisme.

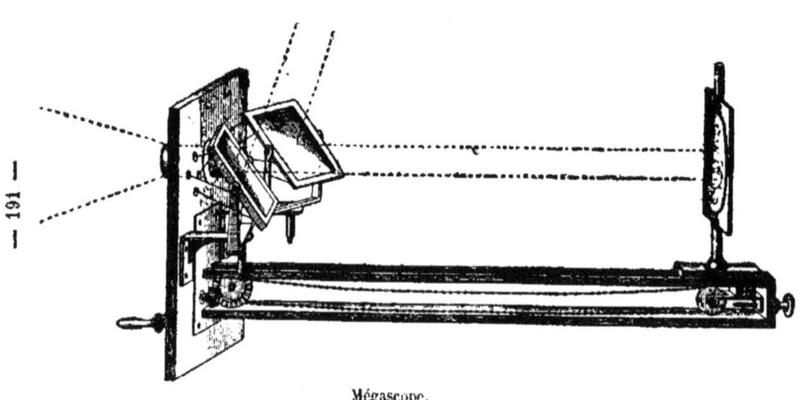

Mégascope.

On trouve aussi dans les ateliers de M. Chevalier un *mégascope solaire achromatique* pour les corps transparents. En voici les détails :

Verre collecteur de la lumière, — focus, — objectif perfectionné, à lentilles achromatiques et verre achromatique, — bouton de l'engrenage, — bouton du verre mobile (focus), — platine à ressorts, où se glissent les objets transparents.

Dynactinomètre. — Il constate les différences de rapidité dans les objectifs. Cet instrument, imaginé par M. Claudet, et son *focimètre* viennent aider puissamment le photographe dans le choix si important des lentilles pour la réussite des opérations.

Le *focimètre* de M. Claudet fait reconnaître à l'expérimentateur l'existence ou l'absence de plusieurs foyers dans les objectifs.

Iconomètre. — M. Ziégler est l'inventeur d'une lorgnette ajustée à une petite chambre noire, et avec laquelle on peut d'avance se rendre compte des points de vue les plus convenables. Cet iconomètre épargne le soin de chercher avec la chambre obscure, la place où ce lourd instrument doit être établi, pour reproduire l'aspect le plus pittoresque de la localité choisie. L'iconomètre n'est pas embarrassant ; il est très-léger ; son prix est modique.

Sablier comptant les secondes et les minutes. — M. Tiffereau est l'inventeur de ce petit instrument fort utile au photographe, pour mesurer le temps nécessaire à chaque opération. Le système en est aussi simple que possible. Un tube, rempli de sable, est appliqué sur une planchette, portant un nombre suffisant de subdivisions. On le retourne soit en le faisant mouvoir sur un pivot central, soit en suspendant le sablier alternativement par l'un des anneaux fixés à chacune de ses extrémités.

Séchoir. — M. Fortier sèche les glaces albuminées sur un appareil composé de trois tiges, sur lesquelles courent à vis, des boutons à faces plates. Ces tiges sont arrangées de façon à pouvoir aisément se rapprocher ou s'éloigner les unes des autres sur la planchette à rainure qui les porte. Cette facilité de se conformer, par leur écartement, aux dimensions des glaces, donne une véritable importance à ce petit séchoir. On l'introduit sous une cage, fermée par une double percaline, afin d'éviter l'inconvénient grave que

causerait inévitablement la poussière ambiante,
sans ce surcroît de précautions.

OUVRAGES A CONSULTER.

Bien que la photographie compte peu d'années depuis sa naissance, elle a eu déjà beaucoup d'historiens. Les uns ont ajouté quelque
chose à sa couronne, les autres n'ont fait que
vulgariser ses moyens. Nous ne prétendons pas
ici donner l'énumération complète de tout ce
que renferment les archives de l'héliographie,
nous voulons seulement mettre notre lecteur à
même de remonter aux sources vives de la
science nouvelle. Nous demandons pardon d'avance, aux auteurs dont le nom ne viendrait pas
se placer sous notre plume impartiale. Si l'occasion s'en présente, nous serons heureux de pouvoir
réparer un oubli bien involontaire. Nous ne voulons, du reste, offrir que des indications, abstraction faite des questions de date ou des droits
personnels de chaque inventeur.

Le rapport d'Arago inaugure avec un éclat immense la merveilleuse conquête du génie humain. Ce rapport fut successivement lu à la chambre des députés, le 3 juillet 1839, et à l'Académie des sciences, le 29 août de la même année. Bachelier l'a publié *in extenso.* Tout photographe doit lire au moins, sinon posséder, ce beau travail.

Les Comptes-rendus de l'Académie contiennent une foule de documents d'autant plus intéressants à connaître qu'ils se présentent sous le patronage de juges compétents et qu'ils sont élucidés par nos plus savants maîtres.

Parmi les publications scientifiques plus spécialement consacrées à la photographie, nous citerons : *la Lumière, le Cosmos, le Propagateur, le Bulletin de la Société française de photographie, le Bulletin de la Société d'encouragement,* les journaux de grand et de petit format reproduisant le sommaire des séances de l'Académie et certains procédés qui n'ont pas été mis sous les yeux de la docte assemblée.

Nous signalerons, entre les traités spéciaux, celui de M. Gustave Legray, dans lequel il envisage, au point de vue de la théorie et de la pratique, la photographie sur papier sec ou humide, et sur verre, collodionné et albuminé.

M. Van Monckhoven s'est attaché de préférence à l'emploi exclusif du collodion ; sa manière d'opérer mérite une attention particulière.

M. A. Belloc a joint à une intéressante photographie sur collodion, quelques données élémentaires de chimie et d'optique bonnes à consulter.

Tous les photographes doivent méditer l'article de M. Figuier dans son *Exposition et histoire des principales découvertes scientifiques modernes*.

Le Guide du photographe, par M. Chevalier, contient des renseignements utiles, et, de plus, des notes pleines d'intérêt par MM. G. Roman, Cuvelier, Dufaur, Laborde et Arthur Chevalier.

La petite brochure du docteur A. Boulongne est un résumé de tout ce qui a paru sur l'héliographie en général.

Les *Traités de photographie sur collodion*, par MM. Berstch, de Brebisson, Martin (Adolphe), seront lus avec fruit.

La photographie sur plaque fournit des mémoires *ex professo* de MM. Daguerre, Claudet, Vaillat, Baron Gros et Charles Chevalier.

Le papier, comme base de la photographie, a été magistralement traité par MM. Baldus, Blanquart Evrard, David (H.), docteur Fau, de Latreille, de Valicourt.

M. Niepce de Saint-Victor a publié plusieurs notices savantes sur l'héliographie.

L'on doit à M. Couppier un traité de photographie sur albumine.

M. Lafon de Camarsac a fait une brochure intitulée : *Photographie sur porcelaine, verre et émail.*

M. Sthéphane Geoffray a soigneusement examiné la question de l'emploi des papiers du commerce en photographie.

Ceux qui préfèrent voir la science sous un aspect agréable trouveront dans le *Musée des Familles*, une spirituelle appréciation, par M. Francis Wey, de la découverte de Niepce et Daguerre.

Les hommes sérieux auront souvent recours à la *Chimie photographique* de MM. Barreswil et Davanne, dont on ne saurait trop louer le tra-

vail clair et consciencieux ; c'est un manuel excellent à suivre.

Chambre noire, disposée pour recevoir un objectif à portrait et un objectif à paysage, avec
les châssis.

Un support articulé.

Boîtes à rainures contenant des plaques de la
grandeur des divers châssis de la chambre noire
et cotées au trentième.

Planchettes avec agrafes servant à maintenir
les plaques pendant leur polissage.

Deux polissoirs en peau de daim, et leur boîte.

Boîte à deux cuvettes, dont la première renferme l'iode et la seconde le chloro-bromure de
chaux.

Entonnoir en verre pour filtrer l'eau.

Entonnoir en verre pour la filtration de l'hyposulfite de soude.

Cuvette exclusivement réservée au bain d'hyposulfite de soude.

Seconde cuvette pour les bains d'eau **filtrée.**

Pied à chlorurer avec vis calantes.

Pince pour tenir la plaque.

Lampe à alcool.

Blaireau.

Bougie.

Papier jaune orange.

Papier blanc.

Papier de soie.

Papier à filtrer.

Colle de pâte.

Passe-partout de la dimension des plaques (1).

Substances chimiques.

Alcool à 33 degrés **rectifié.**

Bromure.

Chlorure d'or.

Chloro-bromure de chaux.

Coton nettoyé.

Eau distillée.

Eau filtrée.

Hyposulfite de soude.

(1) On en trouve des assortiments complets chez **A. Bixant, 7, rue de Cléry.**

Iode pur.

Mercure.

Rouge à polir.

Tripoli de Venise.

OBJETS NÉCESSAIRES POUR LA PHOTOGRAPHIE SUR PAPIER SEC OU HUMIDE, GLACE, ALBUMINÉE OU COLLODIONNÉE.

Chambre noire ayant deux coulisses à objectifs, dont l'un pour le portrait et le second pour le paysage, avec châssis ordinaires et à double glace.

Deux pieds porte-appareils, l'un pour l'intérieur, l'autre pour voyage.

Un voile noir pour couvrir la chambre obscure et l'opérateur.

Boîtes à rainures contenant des glaces ayant la dimension des châssis graduels de la chambre noire.

Châssis à reproduction.

Papier jaune orange.

Papier de soie.

Papier buvard.

Papier filtré.

Papier pour négatif.

Papier pour positif.

Deux portefeuilles

Un pèse-alcool.

Un pèse-éther.

Une petite balance avec les subdivisions du kilo.

Cornue en verre avec allonge et valet, pour distiller l'eau.

Mortier en porcelaine.

Vase en verre solide pour faire le coton-poudre.

Deux agitateurs en verre.

Une éprouvette graduée, d'un litre.

Une éprouvette graduée, de 50 grammes.

Flacons blancs à large ouverture, et de différentes grandeurs.

Flacons noirs à large ouverture de capacités proportionnelles.

Grands flacons blancs pour servir de réservoir d'eau distillée.

Grands flacons noirs pour recueillir les eaux de lavages, dans lesquelles se trouve de l'azotate d'argent ou du chlorure d'or.

Cuvette plate en gutta-percha **pour** le bain d'azotate d'argent servant **au négatif.**

Autre cuvette en gutta-percha pour le bain sensibilisateur positif.

Cuvette pour le bain d'hyposulfite de soude.

Cuvette pour le bain de sel (**chlorure de sodium**).

Cuvette pour le bain de chlorure d'or.

Deux cuvettes, l'une pour les lavages à l'eau simple filtrée, l'autre pour laver à l'eau distillée.

Un entonnoir pour la filtration de l'eau simple.

Un entonnoir pour filtrer l'eau distillée.

Un entonnoir pour filtrer la saturation de protosulfate de fer.

Un entonnoir pour la filtration de l'hyposulfite de soude.

Un entonnoir pour filtrer le bain d'argent.

Un entonnoir pour le bain de sel.

Une pipette.

Un blaireau.

Substances chimiques.

Acide acétique cristallisable.
Acide azotique.

Acide chlorhydrique.
Acide gallique.
Acide pyrogallique.
Acide sulfurique pur, à **66 degrés**.
Albumine (œufs).
Alcool de vin.
Amidon.
Ammoniaque.
Azotate d'argent.
Azotate **de potasse purifiée**.
Bichlorure de mercure.
Bitume de Judée.
Bromure d'ammonium.
Céroléine.
Chlorhydrate d'ammoniaque.
Chlorure d'or en cristaux.
Chlorure de sodium pur.
Cire blanche.
Coton cardé en rames.
Cyanure de potassium.
Eau distillée.
Essence de térébenthine rectifiée.
Ether sulfurique.
Fluorure de potassium.
Gélatine.

Gomme arabique.

Hyposulfite de soude.

Iode pur.

Iodure d'ammonium.

Iodure de potassium.

Limaille de fer.

Noir animal.

Protosulfate de fer.

Riz.

Salpêtre réduit en poudre très-fine.

Sucre de lait.

Tournesol (feuilles de).

Tripoli de Venise.

Vernis copal.

Pour la *gravure héliographique* il faut :

Acide chlorhydrique.

Acide nitrique.

Acier (planche d').

Alcool à 36 degrés.

Benzine-colas.

Bitume de Judée.

Blanc de craie.

Eau distillée.

Essence de lavande.

Huile de naphte rectifiée.
Iode.
. Résine.
Négatif obtenu par un procédé quelconque.

Pour la *lithophotographie* :

Acide faible, additionné de gomme.
Bitume de Judée.
Encre lithographique.
Essence de térébenthine.
Ether.
Négatif.
Pied à caler.
Pierre lithographique.

Pour l'*hélioplastie* :

Bichromate de potasse.
Gélatine.
Plaque de verre.
Plâtre.
Protosulfate de fer.
Le clichage ou la galvanoplastie termine l'œuvre.

AVIS IMPORTANT.

L'Annuaire de la photographie rendra compte, chaque année, de tout ce qui aura paru, depuis sa dernière publication, au double point de vue de la théorie et de la pratique, sur cette spécialité pleine d'avenir. Ce recueil enregistrera successivement ainsi les améliorations, les découvertes, la description des instruments et des procédés nouveaux, au moment de leur apparition.

Si, dans l'intervalle, il devenait utile de communiquer immédiatement aux amis de la science un fait intéressant, l'Annuaire en donnerait connaissance à ses lecteurs, dans des suppléments de même format, comme annexes à rattacher au corps principal de l'ouvrage.

TABLE DES MATIÈRES.

Paris. — Impr. de Pommeret et Moreau 42, rue Vavin.

SUPPLÉMENT.

PHOTOGRAPHIE SUR TISSUS.

A peine M. Poitevin avait-il fait connaître la propriété que possède le bi-chromate de potasse d'être sensible à la lumière, que M. Persoz, notre habile professeur de chimie au Conservatoire des Arts et Métiers, en signalait une nouvelle et heureuse application sur les tissus.

Voici comment on imprègne un tissu de coton d'une dissolution de bi-chromate de potasse dans de l'eau, et après l'avoir fait sécher dans l'obscurité, on l'expose à l'action de la lumière, sous un cliché photographique, ou bien encore sous une gravure huilée, pour lui donner plus de transparence ; toutes les parties insolées prennent alors une teinte jaune Brun, qui est causée par la décomposition du bi-chromate en acide chromique servant de mordant pour la teinture. L'épreuve convenablement apparente se plonge dans un bain de garance ou de bois de campêche, les parties transformées en mordant se colorent en rouge, et l'on obtient par cela même une épreuve sur tissus ayant la solidité des dessins imprimés sur indiennes. Ce procédé a déjà été mis en pratique en Angleterre et en France dans une des manufactures de Puteaux, par M. Francillon, qui, à ce qu'il paraît, a obtenu de forts jolis résultats.

Plusieurs photographes, malheureusement peu nombreux, s'occupent de l'application de la photographie, et sont déjà arrivés à pouvoir produire des épreuves pouvant rivaliser avec les plus belles planches d'impression, avec l'immense avantage de la reproduction exacte de sa vente, puisque c'est la nature imprimée par elle-même. Un autre procédé peu connu et surtout excellent est celui-ci :

L'on prend un morceau de soie ou coton et on l'encolle au moyen de l'albumine ou dans une eau gommée un peu épaisse, après y avoir fait dissoudre 3 p. 0/0 d'hydrochlorate d'ammoniaque ; vous suspendez votre étoffe encollée par les deux angles (cet encollage doit être fait par immersion), puis laissez sécher à air libre l'étoffe sèche ; vous l'appliquez d'un côté seulement, sur un bain d'argent, composé de 20 grammes pour 100 d'eau distillée, et vous faites sécher de nouveau dans les mêmes conditions que celles de l'encollage, a air libre, mais dans l'obscurité ; cette siccité ne doit pas être accélérée au moyen de la chaleur artificielle. Ces opérations terminées, vous placez votre tissu sensibilisé sous un cliché, dans un châssis positif, à l'action des rayons lumineux ; quand l'image est suffisamment développée, vous la retirez et la passez dans un bain de chlorure de sodium à 6 p. 0/0, pour la débarrasser de l'excès de chlorure d'argent ; vous lui faites subir ce lavage à plusieurs reprises, et vous arrêtez lorsque l'eau ne blanchit presque plus, alors vous l'immergez dans un bain de virage semblable à ceux dont on se sert pour le papier. L'épreuve virée au ton que vous désirez, vous la fixez dans une solution d'hyposulfite de soude à 15 p. 0/0. Le fixage est beaucoup moins long que celui sur papier ; lorsque vous la croyez suffisamment fixée vous la faites baigner dans une cuvette d'eau en ayant soin d'en changer souvent, et vous faites sécher, tout ce travail terminé, et afin de donner plus de finesse vous passez au cylindre l'épreuve après l'avoir amidonnée légèrement. Il serait préférable de faire passer ces épreuves au calandrage.

Transport du Collodion sur toile cirée.

Ce procédé est un de ceux qui satisfait le plus à l'œil, par la finesse des traits que donne en réalité le collodion. Aussi est-il des établissements photographiques qui se sont fait une spécialité de ce genre et une renommée plus ou moins méritée, qui malgré cela n'en réussit pas moins à leur *exploiteur*. La photographie sur toile est aussi facile à mal faire qu'elle est difficile à bien exécuter, car il s'agit non-seulement d'obtenir de beaux blancs comme certains photographes *peu difficiles* le désirent, mais d'avoir un ensemble parfaitement lumineux, d'un éclat brillant, conservant les détails dans les noirs comme dans les demi-teintes ; enfin d'avoir pour résultat une harmonie complète. Au reste, il est un fait très-regrettable et qu'il est pénible d'avouer, c'est qu'il y a *beaucoup trop de photographies et pas assez de photographes.*

Pour l'obtention d'une épreuve sur toile, il faut se servir d'un collodion plus épais ; il suffit seulement d'ajouter au collodion ordinaire 1/2 gramme par 100 grammes. Vous faites un positif sur verre ; ce positif terminé, vous le plongez dans une cuvette où vous avez mis un bain d'eau mélangé d'acide hydrochlorique, dans la proportion de 30 p. 0/0. Au bout d'un instant, après avoir déchiré l'un des bords du collodion, vous faites faire à votre cuvette un mouvement de balance, en faisant passer sous cette couche l'acide, qui a pour but de détacher la pellicule, ce que l'on reconnaitra en apercevant une boursouflure causée par l'excès de liquide que l'on prolonge jusqu'au bas de l'image. Ceci fait, vous versez dessus quelques gouttes d'eau, puis appliquez un morceau de toile cirée en chassant avec le doigt les bulles d'air qui se sont formées, car si elles n'étaient pas disparues complètement, non-seulement elles empêcheraient l'adhérence de se produire, mais encore lorsqu'elles viendraient à sécher formeraient autant de trous. Enfin, quand vous croyez que l'adhérence est suffisante, vous cherchez à pousser la toile par un coin de votre glace, et tirez à vous, alors la toile amènera avec elle le collodion, vous versez de nouveau quelques gouttes d'eau, et suspendez par un angle pour faire partir l'excès d'eau, puis vous la terminez de sécher sur un feu doux ou mieux encore dans une étuve. Le nettoyage des glaces pour le transport sur toile n'a pas besoin d'être aussi soigné que pour les positifs devant rester sur verre, ni mêmes les négatifs, car les parties qui offriraient encore de la crasse, peuvent s'enlever sur la toile au moyen du hâle et frottant avec une peau chamoisée. Parfois, il arrive dans certains ateliers qu'un *opérateur* ou *préparateur maladroit*, pour dissimuler son ignorance, s'attaque au polissage des glaces, lorsqu'il y a d'une part métallisation, ou de l'autre inhérence complète, quand au contraire il est patent qu'une glace ayant à sa surface un corps gras ou humide, le collodion ne peut que s'y détacher avec une trop grande facilité, même dans le bain sensibilisateur. Pour les métallisations, cela ne provient que d'une immersion trop longue dans le bain d'argent ou d'un manque de pose que l'on veut rattraper par un développement plus long. Au surplus, pour le polissage de ces glaces, le tripoli dans l'eau et appliqué avec des chiffons, est le meilleur mode, et de plus, il y a économie, ce qui n'est point à dédaigner en photographie.

. Imp. Michels-Carré, pass. du Caire, 8 et 10.

BIBLIOTHÈQUE ARTISTIQUE

à 1 fr. le volume et 1 fr. 20 c. franco.

PEINTURE SUR PORCELAINE, procédés de la manufacture de Sèvres.

MINIATURE apprise seule.—Un vol. in-8° avec planches d'étude.

LE PAYSAGE ET L'ORNEMENT appris sans maître.—Un volume in-8° orné de planches d'étude.

LE PASTEL appris sans maître.—Un vol. in-8° orné de planches d'étude.

LE DESSIN appris sans maître. — Un vol. in-8° avec planches d'étude.

LA PEINTURE A L'HUILE apprise sans maître. — Un vol. in-8° avec planches d'études.

L'AQUARELLE apprise sans maître. — Un vol. in-8° orné de planches d'étude.

LE MODELAGE appris sans maître.—Un volume in-8° orné de planches d'étude.

TRAITÉ DE COLORIS appris sans maître.

PEINTURE SUR PAPIER DE RIZ apprise sans maître.—Un vol. avec planches d'étude.

MANUEL artistique et industriel contenant les Traités de DESSIN industriel, de Morphographie, des Ombres, Hachures et Estompes, de Géométrie, etc., avec 22 planches d'étude.

TRAITÉ DE TAXIDERMIE, ou l'Art de mégir, de percheminer, d'empailler, de monter les peaux de tous les animaux, de prendre, préparer et conserver les Papillons et autres Insectes, précédé des procédés GANNAL. —4° édition.

MANUEL DU CHANTEUR, PHYSIOLOGIE du CHANT, par STEPHEN de la MADELEINE, ex-Récitant de la Chapelle royale. — Un volume.

LE BONHEUR DANS LA FAMILLE, ou l'Art d'être heureux dans toutes les positions de la vie, suivies de Traités d'utilité et d'agrément avec planches d'étude.

MANUEL DU SAVOIR-VIVRE, ou l'Art de se conduire selon les convenances et les usages du monde, dans toutes les circonstances de la vie et dans les diverses régions de la Société.

MANUEL HYGIÉNIQUE DES BAIGNEURS, emploi raisonné des bains chauds, froids, de vapeur, simples, composés et de mer ; des Eaux thermales de France et de l'Etranger, leurs propriétés curatives et les saisons spéciales de chaque source, etc. 2° édition.

MANUEL DU COMMERÇANT, Tenue des Livres en partie double et simple.

DEVOIRS DES ENFANTS ET DES JEUNES GENS, par P. Vattier. Un vol. in-12.

TRAITÉ DE LA PATINOTECHNIE, ou l'Art de patiner, par A. Covilbeaux, professeur attaché à l'Instruction publique. Un vol. grand in-18, orné de 15 belles lithographies.

LE DUEL DU CURÉ, charmante nouvelle tirée d'un épisode de 1848, par M. Dechastelus. Un vol. grand in-18.

PEINTURE LITHOCHROMIQUE, ou Imitations sur toile, et l'Art de donner aux objets dessinés au crayon, à l'estompe, aux lithographies, gravures, etc., l'apparence d'une jolie peinture à l'huile, suivie des procédés pour peindre et décalquer sur le bois et les écrans et d'obtenir, avec un petit nombre de couleurs, toute espèces de nuances. 5° édit., 75 c.

PEINTURE ORIENTALE, ou l'Art de peindre sur papier, mousseline, velours, bois, etc., et de décalquer sur verre, suivie de la Peinture sur porcelaine, sur verre et sur cristaux, 3° édition, grand in-18. 75 c.

L'ART de faire en **PHOTOGRAPHIE** des miniatures d'une ressemblance parfaite sans savoir ni peindre ni dessiner, par Pinot. 1 vol. in-8. Prix, 6 fr.

Paris. — Imprimerie de Pommeret et Moreau, 42, rue Vavin.